KB021348

불안하다고 말해요, 괜찮으니까

불안, 걱정, 두려움을 이겨내는 자기회복의 심리학

불안하다고 말해요, 괜찮으니까

도리스 볼프 지음 | 장혜경 옮김

생각의날개

• 들어가며

불안은 당신에게만 닥치는 불행이 아니다

상담실을 찾은 내담자 중 적어도 절반은 불안장애 때문에 온다. 애당초 자신이 불안장애인 줄 알고 찾아오는 경우도 있고 몸이 아파서 병원을 찾았다가 그러한 증상 뒤에 불안이 숨어 있다는 진단을 받는 경우도 있다. 불안은 다양한 형태를 띠고 나타난다. 제한된 장소나 제한된 대상에게서만 나타나는 불안이 있는가 하면 삶 전체를 송두리째 뒤흔드는 불안도 있다. 종류도 다양해서 시험이 무섭고, 혼자 있을 때 불안하고, 늙을까봐 겁이 나고, 차 사고를 당할까 봐, 병이 들까 봐, 버림받을까봐, 죽을까 봐 불안해한다. 또 개가 무섭고, 높은 곳에 오르면 겁이 나며, 사람 많은 곳에 가면 숨이 막힌다. 불안으로 인한 신체 반응 역시 속이 쓰리고, 심장이 콕콕 찌르는 듯 아프고, 온몸이 떨리고, 세상이 빙빙 도는 등 정말이지 수많은 증상이 나타난다.

불안은 특정인에게만 닥치는 불행이 아니다. 많은 사람이 살면서 크건 적건 누구나 불안을 느껴봤을 것이고, 또 앞으로도 언제든 그럴 수 있다. 폐소공포 역시 예상보다 흔한 증상이다. 5명 중 2명이 가벼운 불안을 느껴본 적이 있고 10명 중 1명이 불안 때문에 일상생활이 어렵다고 한다. 최악의 경우 불안이 인생을 송두리째 바꿔놓는 경우도 있다.

그러니 안심해도 된다. 당신은 비정상적인 사람이 아니고 불안을 느낀다고 해서 지레 겁먹을 이유가 없다. 불안을 인정하고 잠시나마 그 불안을 당신의 일부로 받아들여도 괜찮다. 그것이 변화의 첫걸음이다.

나이에 상관없이, 불안을 느낀 기간에 상관없이 당신은 불안에서 벗어날 수 있다

문제는 딱 한 가지다. 당신은 불안을 느낀다. 당신의 불안은 진짜다. 그러나 남이 보기에 불안하지 않은 것처럼 행동하고 싶다. 아니, 정말이지 불안하지 않은 삶을 살고 싶다. 그런데 그러자면 먼저 불안하지만 불안을 일으키는 바로 그 일을 해야 한다. 하지만 불안을 참고 불안한 일을 하는 것, 그것은 지금까지의 습관을 거스르는 일이다. 지금껏 당신은 당신의 감정이 시키는 대로 불안한 일을 피하기만 하며 살았다. 그런데 이제 와서 불안을 피하지 말라니. 그럼 그게 다 잘못이었단 말인가? 그렇다. 안타깝게도 그렇다. 당신이 불안을 느끼고 있다면 당신의 선택지는 두 가지뿐이다.

1 계속 불안해하면서 앞으로 일어날 일을 걱정하고, 불안한 상황을 기피하며, 삶의 폭을 줄여나간다. 그리고 그런 자신을 자책한다. 그럼 최선의 경우 지금처럼 계속 불안하게 살 것이고, 최악의 경우 불안이 점점 더 심해져 결국 삶 전체가 기피와 걱정으로 뒤덮일 것이다.

2 불안을 의식적으로 관찰하여 원인을 파악하고, 그 원인을 변화시키며, 불안한 상황 속으로 걸어 들어가 불안과 대면하는 법을 배운다. 그러면 시간이 지나면서 점차 불안을 극복할 수 있을 것이고, 예전처럼 인생을 즐기며 살 수 있을 것이다.

당신은 자신이 어떤 상황에서 불안한지 이미 알고 있다. 그렇다면 그 상황이 정말로 불안의 이유가 되는지 점검해봐야 한다. 점검하지도 않고 무조건 불안이 시키는 대로 따르기만

한다면 앞으로도 절대 불안을 이기지 못할 것이다. 그리고 실제로는 전혀 위험하지 않은 상황인데도 불안이 시키는 대로 무조건 그 상황을 피하려고만 할 것이다. 또 합리적으로 생각하면 절대 내리지 않을 결정을 내리게 될 수도 있다.

이 책을 통해 당신은 특정 상황에서 왜 불안을 느끼는지 그 이유를 알게 될 것이고, 불안을 이기는 방법을 배울 수 있을 것이다. 물론 불안을 극복하려 노력하는 동안에도 불안은 불쑥불쑥 솟구쳐 앞을 가로막을 것이므로 불안을 완전히 극복하기까지는 상당한 시간과 에너지를 쏟아야 할 것이다. 그럼에도 불안을 동지로 만들 방법이 있고, 또 그것은 그럴만한 가치가 있는 일이다. 지금보다 훨씬 자유롭고 독립적인 삶이 당신을 기다리고 있고, 압박과 긴장과 강박이 사라진 삶이 펼쳐질 테니 말이다. 무엇보다 당신의 숨은 잠재력을 마음껏 펼칠 수 있을 것이다. 이 책은 당신이 불안한 이유를 파악하고 그 불안에 보다 슬기롭게 대처할 수 있도록 용기를 북돋아 줄 것이다.

분명 당신 주변에는 이런 말로 당신을 현혹하는 사람들이 있을 것이다.

- 당신은 미치기 일보 직전이다.
- 의지만 있으면 다 된다.
- 불안은 몇 년이 지나도 쉽게 극복이 안 된다.
- 불안은 어린 시절의 트라우마가 원인이기 때문에 어린 시절겪었던 경험을 정확히 분석하지 않으면 절대 불안을 극복할 수 없다.
- 원인만 알면 불안은 절로 사라진다.
- 불안을 이겨내도 또 다른 불안이 찾아올 것이다.
- 과도하고 무의미한 불안은 인성에 문제가 있기 때문이다.
- 당신은 더 이상 가망이 없으므로 빨리 은퇴하는 수밖에 없다.

이 모든 말들은 사실이 아니다. 당신의 손발을 묶어 변화를 방해하고자 하는 훼방꾼들의 말일 뿐이다. 상담실을 찾아왔던 내담자들 모두 성공적으로 불안을 이겨냈다는 사실만으로도 알 수 있다. 그러니 당신의 불안을 이해하려 들지도 않으면서 함부로 당신에게 가망이 없다고 진단 내리는 그런 사람들의 말에 괜히 주눅들 필요 없다. 당신에게도 희망이 있다.

물론 지금 당신에겐 문제가 있다. 당신은 대부분의 사람들은 전혀 불안해하지 않는 상황에서 순간순간 불안을 느낀다. 닥칠지 안 닥칠지도 모르고, 불안하다고 해서 막을 수 있는 것도 아닌데 앞으로 닥칠 상황을 걱정하면서 불안을 느낀다. 이유는 아무 도움도 안 되는 부정적인 삶의 자세에 익숙해졌기 때문이다. 당신의 불안은 그저 무의미한 습관에 불과하다. 다른 습관들이 모두 그러하듯 불안해하는 습관 역시 떨쳐버릴 수 있다.

이 책을 읽는다고 해서 바로 불안이 사라지지는 않겠지만 당신의 불안을 파악하고 책에서 제시하는 대로 행동한다면 많은 변화를 이끌어낼 수 있을 것이다.

- 특정 상황(긴 줄, 버스, 시험, 마트, 터널, 엘리베이터, 미팅, 광장, 연주회, 미용실, 새나 거미, 개와의 만남)을 피하지 않고 대면할 수 있다.
- 어떻게 하면 불안한 상황을 피할 수 있을까 고민하지 않고 그 상황의 목적과 긍정적 측면을 먼저 떠올린다. (지금까지는 연주회장에서 기절할지도 모른다는 불안 때문에 아예 가려고 하지 않았지만, 이제는 연주가 얼마나 멋질지 기대하며 부푼 마음으로 연주회에 갈 수 있다.)
- 모험을 감행하고 새로운 경험을 쌓는다.

• 쓸데없는 걱정은 버리고 불확실한 상황도 선뜻 받아들인다.

책에서 무엇을 얻을 수 있을까?

불안을 줄일 수 있는 새로운 행동 방식을 원한다면 이론적인 부분인 Part 1부터 읽어나가는 것이 좋을 것이다. Part 1에선 불안이 어디에서 오는지 설명할 것이다. 불안이 어떻게 탄생했는지 확인하는 것만으로도 대부분의 사람들은 많은 도움을 받는다. 거기서 한 걸음 더 나아가고 싶다면 Part 2로 넘어가 보자. Part 2에서는 불안을 떨쳐버릴 수 있는 방법을 설명할 것이다. 경증인 경우, 그러니까 구체적인 대상이나 상황에서 불안을 느끼거나 불안 횟수가 제한적인 경우는 군이 의사나 상담사를 찾지 않아도 충분히 불안을 이겨낼 수 있다.

하지만 Part 1을 다 읽고 나서도 불안의 원인을 파악하지 못했다면, 다시 말해 불안의 대상이나 상황을 찾지 못하겠거든 반드시 병원을 찾아가 봐야 한다. 불안 뒤편에 신체적 문제가 숨어 있을 수도 있기 때문이다. 병원에서 아무런 이상을 발견하지 못하면 아마 의사가 정신과나 심리 상담을 권할 것이다. 그래도 겁먹지 마라. 당신은 불안을 이겨낼 수 있다. 정신과나 심리 치료를 통해 불안의 원인과 올바른 극복 방법을 찾아낼 수 있을 테니 말이다.

　Part 3에서는 가장 흔한 불안에 대해 다시 한번 자세히 살펴보고 그 불안에 대처하는 구체적이고도 효과적인 전략을 소개할 것이다. 대부분 불안 뒤편에는 근본적으로 자신과 세상을 부정적으로 바라보는 자세가 숨어 있기 때문에 Part 4에서는 새로운 삶의 자세를 알려줄 것이고, Part 5에서는 상담실을 찾았던 몇몇 내담자들의 사례를 소개할 것이다.

　아마 이 책을 읽다 보면 여러 번 되풀이해서 이야기한다고 생각될 것이다. 그 사실을 인식했다는 것은 이미 당신이 그 부분은 확실히 습득했다는 뜻이다. 같은 말을 여러 번 반복하는데도 인식하지 못한다면 다시 한번 정확히 읽어서 확실히 내 것으로 만들 필요가 있다. 무언가를 배우거나 극복하고 싶을 때는 반복이 최선의 방법이다.

　혹시 몰라서 한 마디 더 덧붙이고자 한다. 현재 직장이나 가정에서 큰 문제나 걱정, 갈등, 부담을 겪고 있다면(큰 시험을 앞두고 있거나 이직이나 이혼을 고민 중이라면, 혹은 가족이 중병을 앓고 있다면) 상황이 진정될 때까지 기다리는 것이 좋다. 따라서 만일 그런 상황이라면 Part 1, 4, 5만 읽어도 좋을 것이다.

이 책을 제대로 활용하는 법

먼저 전체를 처음부터 끝까지 빠른 속도로 쓱 읽어 내려간다. 그럼 불안한 마음은 여전하겠지만 당신의 행동, 대처하는 자세와 신체와의 관련성에 대해 많은 것을 이해할 수 있을 것이다.

다시 읽을 때는 접근방식을 달리해야 한다. 이 책은 워크북이다. 불안 대처법은 언어를 학습하는 것과 같다. 따라서 많은 시간과 꾸준한 노력이 필요하다. 매일 30분씩 따로 시간을 내서 Part 1부터 다시 차근차근 읽어나간다. 중요한 문장은 밑줄을 긋고, 주변 사람들에게 읽었던 내용을 수업하듯 설명해보자. 노트를 장만해서 거기에 중요한 내용을 정리하는 것도 좋은 방법이다. 이런 방식이 너무 고리타분하다고 생각될지 몰라도 적극 권한다. 배운 내용을 자기의 언어로 적어보는 것보다 빠른 배움의 길은 없다. 또 나중에 노트를 들여다보면 열심히 노력한 그 순간들이 떠올라 뿌듯하고 자랑스러울 것이며, 또 다른 힘든 일이 닥쳐도 충분히 헤쳐나갈 수 있다는 자신감을 키울 수 있다.

Part 2에서는 노트의 중요성이 더욱 부각될 것이다. 이제부터는 자신의 불안을 명확하게 분석하고 한 걸음 한 걸음 변화의 길로 나서야 한다. 명심하라. 불안은 습관이다. 새로운 습관을 익히려면 일정한 시간을 두고 꾸준히 새로운 생각과 행동 방식을 되풀이해 연습해야 한다. 자, 시작해보자. 당신은 새로운 사고, 새로운 행동 습관을 들일 수 있다. 그럼 자동적으로 감정의 습관도 달라질 것이다.

불안이 사라지는 것은 마지막, 안타깝지만 마지막 단계. 한 걸음 한 걸음 앞으로 나아갈 때마다 자신에게 칭찬하며 상을 주어야 한다. 이웃집 개를 마주 보며 걸어가는 것, 극장 중간 자리에 앉는 것, 친구의 초대를 거절하는 것, 그것이 당신에게 어떤 의미인지는 당신 말고는 그 누구도 모른다. 그러니 자신을 칭찬하는 것을 아끼지 마라. 중요한 것은 당신이 기준으로 삼은 출발점에서 얼마나 발전했느냐다. 당신이 예전에는 그러지 않았다거나, 다른 사람은 이미 목표에 도달했다는 사실은 전혀 중요하지 않다.

성공을 기록으로 남기자. 발전이 있을 때는 아무리 사소한 것이라도 기록해 두자.

자신의 불안을 인정하라. 다른 사람들은 불안을 느끼지 않더라도 당신에겐 불안한 이유가 있다. 그 이유를 찾아내면 당신도 불안을 떨쳐낼 수 있다. 지금 이 순간 당신의 불안은 존재할 권리가 있다. 하지만 당신이 마음만 먹으면 언제든 그 권리를 박탈할 수 있다. 시작해보자. 당신의 불안에 대해 더 많이, 더 정확하게 파악해보자.

차례

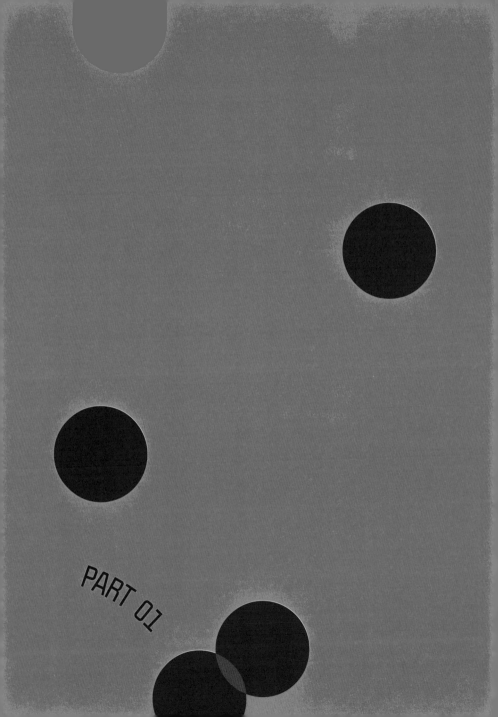

PART 01

불안의 탄생

CHAPTER ① 불안이란 무엇인가

사례 ❶
N 씨, 45세 기혼 여성, 자녀 2명

5년 전 부활절을 며칠 앞두고서 갑자기 심장이 아프기 시작했어요. 그래도 몇 달 동안은 별일 아니겠지 생각하며 그냥 넘겼죠. 꾸준히 운동을 했고 심각하게 아팠던 적도 없었으니까요. 그런데 심장이 아픈 것은 물론이고 마음까지 불안해지기 시작했어요. 어느 날 주말에는 정도가 너무 심해 죽을 것 같아 남편에게 울면서 매달린 적도 있었죠. 불안이 발끝에서 다리를 타고 올라와 등줄기를 타고 목으로 올라오더니 손가락 마디마디, 머리끝까지 퍼져나갔어요. 심장이 벌렁거리고 사지가 후들거리고 오한이 드는 것이 꼭 누가 절 깜깜한 구멍으로 확 밀어버린 것 같았어요. 불안은 갑자기 툭 튀어나왔다가 잠시 후면 감쪽같이 사라졌는데 그러고 나면 탈진한 듯 온몸에 진이 빠져 손가락 하나 까딱할 힘조차 없었죠.

그날 이후 그런 증세는 계속해서 찾아왔어요. 장을 보다가, 길을 걷다가, 운전을 하다가, 밥을 먹다가, 잠을 자다가, 친구들과 이야기를 나누다가. 심장이 아픈 건 그래도 참겠는데 불안한 마음은 도무지 어찌해야 할지 갈피를 못 잡겠더라고요. 여기저기 병원도 다녀봤지만 가는 곳마다 몸에는 아무 이상 없다는 거예요. 그래도 한 병원에서 안정제를 처방받아 집에 두고부터는 마음이 훨씬 편해졌어요. 불안이 엄습하면 바로 약을 먹으면 됐으니까요. 물론 궁극적인 해결책은 아니었지만 그래도 그냥저냥 견디며 살았어요.

그러다가 복직이 코앞으로 다가왔죠. 두 아이를 키우느라 그동안 일을 쉬었는데 다시 회사로 복귀해야 할 때가 왔던 거죠. 그러자 불안의 강도는 물론이고 빈도도 매우 심해졌어요. 언제 또 시작될까? 오직 그 생각뿐이었죠. 이런 상태로 직장에 잘 다닐 수 있을까? 직장에서도 이러면 어쩌지? 너무 걱정되었어요. 도저히 안 되겠다 싶어서 심리 상담을 신청했죠. 그리고 상담사와 이야기를 나누면서 문제가 무엇인지 깨닫게 되었어요. 가만히 따져보니 불안은 제가 어찌해야 할지 모를 때, 뭔가 막막한 심정이 될 때마다 찾아왔더라고요. 제가 바라는 것을 터놓고 말하지 못하고 막상 바라던 대로 일이 돌아가지 않으면 갑자기 불안을 느꼈던 거예요.

사실 전 자신이 원하는 것보다 남들이 바라는 대로 더 많이 하는 편이었죠. 어릴 때부터 그랬던 것 같아요. 상대방에게 상처를 줄까 봐, 혹시 사랑받지 못할까 봐 늘 부모님이 바라는 대로 살았던 것 같아요. 그 사실을 깨닫고부터는 훈련하기 시작했어요. 어떤 상황에서 제가 불안을 느끼는지 떠올리고는 만일 그 상황으로 다시 돌아간다면 어떻게 행동하는 것이 더 나을지 고민했죠. 생각을 긍정적인 방향으로 바꾸고 자신을 존중하는 훈련도 빼먹지 않았어요. 그리고 실제로 불안이 찾아올 때마다 훈련한 내용을 적극 활용해보았어요. 화가 날 때는 억지로 참지 않고 화를 인정하고 허용하는 훈련도 했어요.

화를 억누르지 않으니 놀랍게도 마음이 너무나 가벼워졌고 불안이 찾아와도 예전처럼 무섭거나 암담하지 않았어요. 그렇게 차츰차츰 몸도 마음도 건강해졌고 복귀한 직장에서도 무사히 자리 잡았죠. 불안 증세도 눈에 띄게 줄었고요. 요즘엔 숨을 깊게 들이마시고 내쉬기만 해도 불안을 쫓아버릴 수 있게 되었어요. 사실 따지고 보면 불안도 잠깐 스쳐 지나가는 한 줄기 바람 같은 것인 듯해요. 어쩌면 제게 불안이 찾아와준 게 더 다행인지도 몰라요. 덕분에 저 자신을 돌아보게 되었고 예전보다 훨씬 더 활기찬 인생을 살 수 있게 되었으니까요. 불안 덕분에 모르고 살았던 저 자신을 알게 되었거든요.

'내 이야기'라는 생각이 드는가? 아, 나도 저런 면이 있는데! 그런 생각이 들었는가? 그렇다면 더 잘 되었다. 불안의 정체를 살펴보려 했던 당신의 결심이 옳았다는 증거일 테니까 말이다. 당신도 위 사례의 여성처럼 활기차고 신나는 삶을 되찾을 수 있을 것이다. 하지만 그 전에 일단 불안의 정체부터 자세히 알아보기로 하자.

불안은 어떤 모습일까?

불안을 다룬 책이나 글을 읽다 보면 공포, 불안, 공포증, 공황 등 여러 가지 개념이 혼용되어 있다는 사실을 깨닫게 될 것이다. 구분해보면 다음과 같다.

공포

명확하고 구체적인 위험에 따른 감정이다. 공포에 대한 반응은 싸움, 도망, 무감각 등이 있다. 공포는 당면한 위험을 깨달았을 때 자신을 보호하기 위해 나타나는 반응이다.

불안

불쾌한 일이 예상되거나 위험이 닥칠 것처럼 느껴지는 불쾌한 감정 상태다. 모호하고 불명확한 위험이 원인이며, 공포를 느낄 때와 동일한 신체 반응이 나타난다.

공포증

보통 사람들은 전혀 무서워하지 않는 대상이나 상황에 대한 공포를 말한다. 당사자 자신도 공포를 느낄 이유가 없다는 사실을 잘 알지만 어찌할 도리가 없다. 그래서 그 대상이나 상황을 피하려고 한다. 그 대상이나 상황이 다가올수록 공포는 심해지지만 멀어지면 공포도 줄어든다. 대부분 대상이 구체적이고 한정적이기 때문에 피하려고 노력하면 상대적으로 편히 지낼 수 있다.

공황

반복되는 불안을 말한다. 심장이 두근거리고 숨이 막히고 어지러우며 자아의식장애를 동반할 때도 있다.

　　당신은 이미 불안을 경험해본 사람이니 여기서 말하는 내용이 무엇인지, 어떤 기분인지 누구보다 잘 알 것이다. 따라서 이론적인 차이점을 더 자세하게 설명하는 것은 별 의미가 없을 것이다. 증상에 따른 진단의 차이에 대해서는 뒤에서 다시 한번 언급하도록 하겠다. 여기서는 불안이 어떤 증상으로 나타나는지 자세히 살펴보자.

신체변화

　　불안은 신체가 느끼는 감정이다. 그리고 이러한 신체 증상은 자율신경계에서 조절한다. 손이 땀으로 흠뻑 젖고, 혈압이 솟구치며, 호흡이 가쁘고, 심장이 빨리 뛰고, 얼굴이 벌게지고, 몸이 떨리며, 식은땀이 솟고, 심장이 콕콕 찌르거나 망치로 때리는 것같이 아프고, 위장이 답답하다. 근육이 경직되고, 가슴이 답답하고, 숨이 가쁘며, 다리가 후들거리고, 어지러우며, 기절할 것 같고, 속이 매스껍다. 귀에서 소리가 나고, 맥박이 빨리 뛰고, 절로 이가 앙다물어지며, 눈앞이 아득하고, 머리가 쭈뼛 서고, 긴장성 두통이 생기며, 침 삼키기가 힘들고, 오줌이 마렵고, 설사가 나고, 성욕이 감퇴한다. 피곤하고, 금방이라도 울음이 터질 것만 같고, 목소리가 떨리고, 갑자기 눈앞에 날파

리 같은 것이 어른거리고, 불빛이 번쩍거리며, 가만히 있지 못
하고, 손을 떨거나 다리를 떤다. 물론 여기서 말한 모든 증상이
동시에 다 나타나지는 않는다. 사람에 따라 일부만 나타나기도
하고, 또 불안의 강도에 따라 나타나는 증상 정도도 다르다.

감정변화

누가 옆에서 살짝만 건드려도 버럭 화를 낸다. 눈물이 솟구
치고 우울한 경우도 있다.

생각변화

집중할 수가 없고 기억력이 떨어진다. 악몽을 꾸기도 한다.
생각이 위험 상태에 멈추어 있다. 자꾸만 이런 생각들이 든다.
"기절하면 어쩌지." "엘리베이터가 멈추면, 개와 만나면, 시험
에서 떨어지면, 거절당하면 어쩌지." "이러다 미칠 거야." "남들
이 내가 불안에 떤다는 걸 알면 어쩌지." "틀림없이 나쁜 일이
일어날 거야."

행동변화

잠이 잘 안 오고 잠이 들어도 자주, 일찍 깬다. 도저히 참을 수가 없어서 이런저런 상황을 피하거나 도망친다. 한시도 가만히 있지 못하고 왔다 갔다 하며 미친 듯이 일을 하거나 탈진해서 꼼짝도 못 한 채 널브러져 있다. 동행이 없으면 혼자서는 절대 밖에 나가지도, 차를 타지도 못한다. 집에만 틀어박혀 있고, 강박적으로 의례에 집착하며, 불안을 이기기 위해 술을 마시거나 과식을 하고 약을 먹는 경우도 있다.

불안감은 상황에 따라 각기 다른 강도로 나타난다. 또 만성과 급성으로도 나뉜다.

급성불안

불안한 마음이 며칠 만에 갑자기 발생한다. 강도가 세졌다 약해졌다 하지만 완전히 사라지지는 않는다. 한 번 시작되면 증상이 몇 분에서 몇 시간 동안 지속된다. 1주에 1회 이상, 적을 때는 1달에 1~2번 나타난다. 불안의 대상은 대부분 질병이나 인간관계 때문이다. 즉, 병에 걸렸을까 봐 불안하고 사람들과의 관계가 겁나고 두렵다.

만성불안

불안이 천천히 소리 없이 다가온다. 다른 사람의 비판이나 거절, 실패에 대한 두려움이 불안의 대상이다.

불안에 대처하는 기본적인 반응들

앞서 살펴보았듯 불안은 다양한 신체 증상을 동반한다. 그러나 불안보다 신체 증상이 워낙 뚜렷해서 원인이 불안 때문이라고 생각하지 못하는 사람이 의외로 많다.

위험하다고 판단되는 상황이 되면 우리 몸은 위에서 설명한 온갖 변화를 일으킨다. 그러다가 긴장이 풀리면 반대가 된다. 즉, 우리 몸은 긴장한 후엔 긴장 완화 상태로 돌아가게 되어 있기 때문이다. 그러나 신체의 이런 자동 반응은 위험한 상황이 과하지 않았을 때 이야기다. 느끼는 위험 부담이 과하거나 너무 오래 지속돼서 우리 몸이 계속 경고신호를 보내면 문제가 생길 수밖에 없다. 긴장과 긴장 완화 상태의 균형이 깨지면서 우리 몸이 과도한 긴장(싸우거나 도망갈 준비), 무기력(탈진), 쇼크 상태에 빠지게 되는 것이다. 각 신체 기관에도 과도

하게 부담이 가기 때문에 몸에 이상이 생기거나 심신질환이
발생하게 된다.

이렇게 부담이 지속적이거나 과도할 경우 자율신경계의
오작동으로 인해 아래와 같은 두 가지 기본 반응이 일어난다.

쇼크 반응

쇼크에 빠진 듯 어쩔 줄 몰라 하며 정신이 혼미한 상태가
되기 때문에 도무지 해결방안을 생각할 수 없다. 혈액순환이
원활하지 않아 혈압이 떨어지고, 실신할 수도 있고, 구토하거
나 설사 또는 변비에 걸리고, 숨이 가쁘며, 얼굴이 달아오르고,
울컥 눈물이 솟구치기도 한다. 신체 증상으로는 어지럽고, 불
안하고, 무기력하며, 무릎이 후들거리고, 가슴이 답답하다. 우
리 몸이 차렷 자세를 취하고 있는 셈인 거다.

장기적으로 불안이 지속되면 만성 쇼크 반응이 일어날 수
있다. 그래서 천식과 소화 장애, 위염처럼 심리적 압박이나 불
안감 등이 원인인 질환이 자주 발생한다.

공격 반응

신체 기능을 끌어올려 언제라도 맞붙어 싸우거나 도망칠 수 있도록 공격적인 자세를 취한다. 심장이 두근거리고, 호흡이 가쁘며, 혈압이 오르고, 근육이 긴장하며, 식욕은 감퇴하고, 변비가 생긴다. 문제를 적극적으로 해결하고자 하며 문제 상황에서 벗어나려고 노력한다. 신체 증상으로는 심장이 빨리 뛰고, 가슴이 답답하며, 숨이 가쁘다. 그러니까 우리 몸이 출발 전 달리기 자세를 취하고 있다고 보면 된다. 긴장성 두통이나 신경성 심장 질환이 올 수도 있다.

둘 중 어느 쪽이냐는 성향에 따라 다르다. 상황에 따라서도, 위험 강도에 따라서도 달라질 수 있다. 처음에는 공격적인 반응을 보이지만 시간이 지나면서 쇼크 상태에 빠질 수도 있다.

불안은 왜 생기는 걸까?

인간은 불안을 느끼는 능력을 갖고 태어난다. 이 능력은 생존을 위해 반드시 필요하다. 불안은 우리 몸의 경고시스템이다.

덕분에 우리는 위험한 상황이 닥치면 싸우거나 도망치거나 죽은 척해 위험을 모면할 수 있다.

우리 조상들의 생존 전략은 3가지였다. 적이나 야생동물이 나타나면 얼른 내빼거나(도망), 덤벼들어 적을 나의 영역에서 쫓아내거나(싸움), 그들이 갈 때 까지 몸을 숨기고 쥐죽은 듯 가만히 있는 것이다(쇼크). 그러자면 신체 변화가 동반되어야 한다. 동물들 역시 위험이 닥치면 인간과 같은 신체 반응을 보인다. 근육이 긴장하고, 호흡이 가빠지며, 심장박동이 빨라진다. 싸우거나 도망치거나 죽은 척해 자신을 지키려면 이런 반응이 반드시 필요하기 때문이다.

불안 그 자체는 위험이 닥칠 때 우리의 생존을 돕는 매우 유익한 반응이다. 따라서 위험한 상황이 닥쳤을 때 일정 정도 불안을 느낄 필요가 있다. 그래야 정신을 차리고 조심하거나 신체 기능을 최대한 끌어올려 대처할 수 있을 테니까 말이다.

불안은 위험한 상황에서 적절하게 반응하도록 도움을 준다. 하지만 안타깝게도 우리의 경보시스템이 항상 제대로 작동하는 것은 아니다. 우리는 때로 자신을 보호할 필요가 없을 때도 불안을 느낀다. 심지어 전혀 위험하지 않은 상황에서도 불안을 느낀다. 때론 불안이 패닉으로 치달아 정상적인 사고와 적절한 대처가 불가능할 때도 있다. 그 이유를 알려면 우리의 감정이 어떻게 생겨나는지를 살펴보아야 할 것이다.

CHAPTER ② **불안한 감정을 느끼는 이유**

인간은 감정을 느끼는 능력을 타고난다. 사람에 따라 느끼는 속도가 다를 수는 있겠지만 감정을 느끼는 능력은 모두 똑같다. 몇 가지 반응방식을 제외하곤 신생아는 아직 기대도, 착오도, 나쁜 경험도 한 적이 없다. 그저 배불리 먹고 보살펴주는 부모의 손길과 사랑만 있으면 된다. 우리의 첫 감정들은 주로 부모를 통해 생겨나며 충족된다. 부모가 언제 긍정적으로 반응하거나 부정적으로 반응하는지, 언제 우리를 칭찬하고 어루만지고 무시하는지, 언제 웃고 야단치는지를 보면서 감정을 배우는 것이다.

사고와 감정은 무슨 연관이 있을까?

우리는 부모를 통해 좋고 나쁜 것, 해도 되는 것과 안 되는 것을 배운다. 언어를 습득한 후에는 행동과 감정을 평가하는 법도 배운다. 자신의 행동이 바람직하거나 나쁘다고, 올바르거나 잘못되었다고, 위험하거나 안전 하다고 분류하는 법을 배운다.

예를 들어 차가 다니는 도로에서 놀면 안 되고, 이웃에서 배려할 줄 알아야 하며, 자기 전에는 꼭 이를 닦아야 하고, 친구에게 소리 지르거나 친구를 때리면 안 되고, 혀로 칼을 핥아서도 안 되며, 낯선 사람을 따라가면 안 된다고 배운다. 부모는 이런 행동 방식을 학습시키기 위해 칭찬과 야단, 무시 등의 반응을 보여 아이가 잘 습득할 수 있도록 도와준다. 아이가 스스로 특정 행동을 바람직하지 않다고 판단하고 멈출 때까지 부모는 옆에서 계속 학습시켜야 한다.

　더러운 것을 볼 때 느끼는 구역감은 타고난 감정 반응이 아니다. 아기들은 그런 감정이 없다. 하지만 더러운 곳에서 놀 때마다 부모님께 야단을 맞다 보면 어느 순간 자신도 모르게 더러운 곳에서 놀면 안 된다고 생각하게 된다. 일단 그런 판단이 머리에 박히면, 다시 말해 부모님이 큰 소리로 얘기하던 내용을 혼자서 절로 떠올리게 되면 그에 어울리는 감정도 따라오게 마련이다. 그래서 더러운 것을 보는 순간 "우웩, 더러워"라고 생각하며 구역질을 하게 된다. 이런 생각은 당연히 의식적으로 떠올리는 것이 아니다. 더러운 것을 보기만 해도 절로 구역질이 난다. 따라서 그 판단에 반대되는 행동을 하기란, 즉 더러운 곳에서 신나게 놀기란 생각처럼 쉽지 않다. 물론 다시 학습하여 반대되는 판단을 머리에 입력시킬 경우 자동적으로 반대되는 행동을 할 수 있다. 그러면 아무것도 모르는 아기처럼 더러운 곳에서도 신나게 놀 수 있다.

무엇이 좋고 나쁜지를 판단하는 기준은 부모님의 기준과 인생철학을 따를 수밖에 없다. 부모님은 어린 시절부터 배우고 평생 실천했던 판단을 다시 우리에게 전달한다. 우리는 그것을 아무런 점검 없이 그대로 받아들인다. 규칙을 잘 따라야 부모님께 칭찬받을 수 있으며, 또 아직은 너무 어려 그 규칙을 점검할 능력이 없기 때문이다. 시간 엄수, 정리 정돈, 성생활, 욕망의 충족, 감정(분노, 불안, 슬픔)의 표현, 다른 사람에게 받는 칭찬의 의미, 실수와 능력, 돈과 관련된 판단 기준 등은 모두 그렇게 배운 것들이다. 그리고 시간이 흐르면서 더 이상 그런 평가를 의식하지 못한 채 감정적으로 반응하게 된다. 기준과 규범을 위반하는 것은 '나쁜 짓', '옳지 않은 짓'이라 느끼고, 그 규범을 위반하면 죄책감과 양심의 가책을 느낀다.

삶의 매 순간마다 우리는 주변에서 일어나는 사건과 우리자신을 평가한다. 우리는 자신과 내면의 대화를 나눈다. 물론대화가 너무 자동적으로 진행되기 때문에 우리는 그 사실을전혀 혹은 거의 의식하지 못한다. 하지만 우리 뇌가 평가를 내리지 않는 감각인상은 없다. 또 사실 그래야 마땅하다. 매 순간 위험한 상황인지 아닌지 판단하는 것은 우리의 생사를 좌우하는 것이기 때문이다.

우리의 평가는 학습된 것이다. 그것은 우리의 직접 경험과 주변에서 보고 듣고 읽은 것들로 이루어진다. 또, 다른 사람의 행동을 모방하는 것도 평가 학습의 한 방법이다. 예를 들어 부모님은 높은 곳에 올라가지 않는다는 사실을 관찰을 통해 알게 된 아이는 "높은 곳에 올라가는 것은 위험하다"는 결론을 내릴 것이다. 부모님이 전염이나 질병을 엄청 겁내면 아이도 질병을 똑같이 무서워할 것이다. 상담실을 찾은 한 내담자는 천둥번개가 치는 날이면 부모님이 아이들과 함께 바닥에 무릎을 꿇고서 어서 천둥이 그치기를 기도했다고 털어놓았다. 지금 그 내담자는 기도하지는 않지만 여전히 천둥번개를 엄청나게 무서워한다.

발달 초기 단계에서는 대부분의 사람들이 자세와 평가를 의식하지만, 시간이 지나면 평가가 무의식적으로 진행된다. 그럼 우리는 로봇처럼 반응한다. 특정 상황에 처하거나 그 상황을 머릿속으로 생각만 해도 자동적으로 그 상황에 맞는 감정이 탄생한다. 그렇게 반응하는 것이 습관이 되어버리는 것이다. 바로 이 점이 중요하다. 우리가 특정 방식으로 반응하도록 배운 것일 뿐 특정 상황이 우리에게 감정을 불러일으키는 것이 아니다. 물론 반사행동이나 신체적 통증은 예외다. 신체적 통증은 우리가 무슨 생각을 하건 일어난다. 하지만 그 통증의 강도는 우리의 평가와 생각에 의해 좌우되므로 통증에 집중하거나 통증에 저항하면 강도가 더 심해진다.

우리가 얼마나 생각 없이 자동적으로 행동하는지를 가장 잘 보여주는 사례가 바로 운전이다. 가만히 되돌아보면 처음부터 그랬던 것은 아니다. 초보 시절엔 너무 긴장한 나머지 앞만 뚫어져라 보느라 도로 표지판 같은 건 눈에 안 들어왔다. "엑셀에서 발 떼고 브레이크 당기고…" 속으로 계속해서 자신에게 명령을 내렸고 그것 말고는 아무것도 들리지 않았다. 혹시 사고라도 낼까 봐 너무나도 불안했다. 그래서 연신 "실수하지 말자"라고 다짐했고, 마주 오는 자동차나 추월하려는 차가 있으면 피하기 급급했다. 그런데 지금은 어떤가? 도로에서 특별한 일이 일어나지 않는 한 운전하는 게 그다지 어렵지 않다. 초보 시절엔 위험하다고 생각했던 것들도 지금은 전혀 위험하지 않다고 평가하고, 위험한 상황이나 처음 가보는 길이 아니라면 긴장도 하지 않는다. 위험에 대한 평가가 변했고 운전은 거의 자동적으로 한다.

감정 평가의 의미

우리는 살면서 상황과 사람을 평가하라고 배운다. 이웃의 의
견은 위험하고, 시험에 떨어지는 것은 재앙이며, 거미는 무섭
고, 비행기를 탔다가 잘못하면 죽을 수도 있다고 배우는 것이
다. 이런 평가는 대부분 자동적으로 일어난다. 그리고 이론적
으로만 따지면 모든 상황에서 3가지 평가가 가능하다. 긍정적
평가, 부정적 평가, 중립적 평가다.

	A 상황	B 상황	C 상황
평가	긍정적이다 좋다, 옳다	중립적이다 좋지도 나쁘지도 않다 위험하지 않다	부정적이다 위험하다 나쁘다
감정	긍정적이다 기쁨, 사랑	중립적이다 평온, 만족	부정적이다 분노, 불안, 우울
신체 반응	기분 좋은 긴장	긴장 완화	흥분, 초조, 긴장

어떤 상황을 부정적으로 평가할 경우 우리의 감정은 반드
시 부정적이다. 다른 가능성은 없다. "위험하다", "나쁘다", "무
섭다", "큰일 났다", "못 참겠다" 같은 부정적 평가는 반드시 불
안, 분노, 우울 같은 부정적 감정을 불러온다. 반대로 "예쁘다",

"쾌적하다", "호감이 간다" 같은 긍정적 평가는 사랑과 기쁨 같
은 긍정적 감정을 불러일으킨다. 중립적 평가는 부정적이지
도 긍정적이지도 않다. 그런 경우 우리는 대부분 인지하지 못
한다. 중립적으로 평가할 때는 마음이 편안하고 고요하기 때
문에 우리는 그 상태를 정상이라고 부른다. "괜찮네", "잘 되었
어", "정상이야", "평소와 같군" 같은 것들이 중립적 평가에 해
당한다.

그럼 이런 평가들은 우리의 감정에 어떤 영향을 미칠까?
사례를 들어 살펴보자.

A 상황 밤 11시가 넘었는데 남편이 아직 안 들어온다.

C 감정, 신체 반응, 행동: 아내 T 씨는 화가 난다.

B 평가: 그녀는 이렇게 생각한다.

"마누라는 집에 처박아두고 혼자 잘도 즐기는구나. 나쁜 놈!"
부정적 평가

C 감정, 신체 반응, 행동: 아내 K 씨는 불안해서 어쩔 줄 모른다.

B 평가: 그녀는 이렇게 생각한다.

"왜 이렇게 늦지? 혹시 무슨 사고라도 났나?" 부정적 평가

C 감정, 신체 반응, 행동: 아내 M 씨는 마음이 편안하다.

B 평가: 그녀는 이렇게 생각한다.

"늦네. 미팅이 길어지나? 남편이 요즘 바쁘군." <u>중립적 평가</u>

C 감정, 신체 반응, 행동: 아내 J 씨는 행복하다.

B 평가: 그녀는 이렇게 생각한다.

"혼자 있으니 보고 싶은 드라마도 내 마음대로 보고 정말 좋군."

긍정적 평가

C 감정, 신체 반응, 행동: 아내 L 씨는 울적하다.

B 평가: 그녀는 이렇게 생각한다.

"남편도 내가 필요 없구나. 바람이 났을지도 모르지.

하긴 이 세상에 날 원하는 사람은 아무도 없을 테니까." 부정적 평가

　　아내들의 반응이 각기 다른 이유는 단 하나, 상황에 대한 다른 평가로만 설명이 가능하다. 우리가 어떤 반응을 보이는 지는 살면서 익힌 우리의 기본자세에 의해 좌우되기 때문이 다. 상황이 아니라 우리의 자세가 감정을 결정한다. 상황은 그 저 이미 우리 안에 존재하는 해당 자세를 불러낼 뿐이다. 더

자세한 내용은 다음 장에서 알아보기로 하겠다.

　상담이 이 지점에 이르면 나는 내담자에게 부정적인 생각을 할 때 부정적인 감정을 느끼는 것이 얼마나 다행인지 모른다고 말해준다. "위험하다", "재앙이다"라고 말할 때는 불안과 무력감을 느껴야 한다. 만일 그렇지 않다면 그것은 뇌가 제대로 작동하지 않는다는 뜻이다. 평가와 감정의 연관성이 확실해서 왜 불안으로 인해 신체가 반응하는지 이해한다면 크게 걱정하지 않아도 된다. 평가만 바꾸면 감정은 저절로 바뀔 테니까 말이다.

불안은 어떻게 생겨나는가?

불안을 느끼는 대부분의 사람들은 특정 상황, 사람, 사건이 불안을 조장한다고 믿는다. 따라서 자신들은 그 불안한 감정을 어떻게 할 수 없고, 불안에 대처하는 유일한 방법은 그런 상황을 피하거나 약물이나 술로 불안을 잠재우는 것뿐이라고 생각한다.

　특정 상황이 불안을 일으키고 우리가 그것을 전혀 막을 수 없다면 실제로 피하거나 약을 먹는 것 말고는 다른 대안이 없다. 하지만 실상은 다르다. 누군가는 불안을 느끼는 상황에서 전혀 불안해하지 않은 사람들에 대해선 어떻게 설명할 것인가? 또 어떤 이들이 운전이나 치과, 시험, 귀신처럼 특정 상황에 대한 불안을 이겨낸 것은 또 어떻게 설명할 것인가? 불안이 왜 그렇게 다양한 상황에서 나타나는지 그 이유에 대해서도 설명할 수 있어야 할 것이다. 갑자기 시끄러운 소리가 난다든지, 갑작스러운 사건이 발생한 경우 우리는 반사적으로 불안을 느낀다. 하지만 그런 상황조차도 시간이 지나면 익숙해진다.

불안도 타고나는 것이어서 애당초 날 때부터 겁쟁이와 용감한 사람이 따로 있다고 주장하는 사람도 있다. 이 주장이 맞다면 우리는 절대 불안을 떨쳐버리지 못할 것이다. 엄마 뱃속에서부터 겁쟁이로 태어난다면 안타깝지만 그냥 현실을 받아들여야 할 것이다. 하지만 이런 주장은 설득력이 없다. 우리는 이미 불안을 이겨낸 수많은 경험이 있기 때문이다. 처음 수영이나 자전거를 배울 때는 엄청 무서웠지만 결국 우리 모두 용감하게 해내지 않았던가.

특정 상황이 불안을 조장한다는 설명 역시 설득력이 없다. 똑같은 상황에서 모든 사람이 불안을 느끼는 것은 아니기 때문이다. 그러므로 결국 남은 것은 하나다. 우리가 스스로 불안을 만들어내고 조장하는 것이다. 이는 이미 많은 연구를 통해 입증된 바 있는 사실이다.

불안의 원인은 우리의 생각에 있다. 불안은 우리가 어떤 것을 위험하다고 판단한 결과다. 그리고 우리가 아는 모든 감정이 그러하듯 감정의 ABC에 따라 생겨난다.

감정의 ABC

A는 지금 우리가 경험하거나 머릿속으로 그리는 상황이다. B는 뇌에 저장된 경험을 바탕으로 그 상황을 긍정적, 부정적, 중립적으로 분류하는 우리의 평가다. C는 그 상황에서 우리가 보이는 감정, 신체 반응, 행동이다.

인간은 반사행동이나 타고난 반응을 제외하면 항상 이 원칙을 따른다. 우리의 행동과 감정은 과거 경험이나 지식을 근거로 우리가 번개처럼 빠르게 상황의 영향력을 평가한 후에 생겨난다. 이런 내면의 평가, 다시 말해 자신과의 대화는 대부분 무의식적으로, 자동적으로 진행된다. 따라서 "상황이 불안을 조장한다"는 말은 틀렸다. "나 스스로가 불안을 조장한다"는 표현이 더 정확하다. 한 가지 사례를 예로 들어 감정의 ABC를 조금 더 상세히 살펴보자.

L 씨는 지하철을 못 탄다. 임신 중에 지하철에서 한 번 쓰러진 후로는 지하철 근처에는 아예 가지도 않는다. 그녀의 불안 반응을 감정의 ABC에 따라 설명하면 다음과 같다.

A 상황 **L 씨가 지하철을 본다.**

B 평가: 지하철은 위험해. 거기서 쓰러졌잖아. 타면 또 그럴 거야. 엄청 피한 일이지.

C 감정, 신체 반응, 행동: 마음이 불안하고 몸에서 열이 난다. 지하철을 타지 않는다. 지하철이 시야에서 사라지자 불안도 사라진다.

지하철에서 쓰러지기 전 그녀의 감정의 ABC.

A 상황 **L 씨가 지하철을 본다.**

B 평가: 지하철이 오는구나. 지하철은 편안한 이동 수단이지. 지하철은 험하지 않아.

C 감정, 신체 반응, 행동: 마음이 편안하고 느긋하다. 지하철을 탄다.

불안을 느껴본 적 없었을 때 그녀는 신체에 "아무 이상 없다", "위험하지 않다"는 신호를 보냈다. 하지만 한 번 쓰러진 경험을 한 후에는 평가가 달라졌다. 그녀는 "지하철을 탔다가 죽을 수도 있다"는 평가를 내리고, 신체는 그 평가에 맞게 불안으로 반응한다. 그 결과 그녀는 위험한 상황을 기피한다.

이 사례는 머릿속에서 지하철을 위험과 관련지었을 때 그녀가 느끼는 불안이 지극히 정상적이며 충분히 이해할 수 있다는 사실을 잘 보여준다. 바로 그것이 불안을 느끼는 모든 사람들이 반드시 알아두어야 할 매우 중요한 사실이다. 신체질환을 동반하지 않는 한, 불안은 당사자의 생각과 상상을 알고 나면 충분히 납득할 수 있다. 우리 역시 어떤 것을 위험하다고 생각하는 경우 불안을 느끼지 않을 수 없다. 그러므로 공포증 환자가 보통 사람들과 다른 점은 상황에 대한 그들의 평가와 판단이다. 평가와 판단이 우선이다. 공포심과 행동은 그다음 문제다.

공포증 환자의 전형적인 감정의 ABC는 다음과 같다.

A 상황이나 상상: 사람이 많이 모인 장소, 개, 고양이, 새, 다리, 터널, 닫힌 공간, 시험, 광장, 혼자 집에 있는 시간, 부고

B 평가: 이겨낼 수 없는 위험 "…하다면 정말 끔찍할 거야."

C 감정: 불안과 공포

C 신체 반응: 숨이 차고, 손에 땀이 차고, 심장이 두근거리며, 몸이 굳고, 속이 더부룩하고, 혈압이 오름

C 행동: 무기력, 도주, 싸움, 기피

우리 뇌는 컴퓨터와 비슷하다. 프로그래밍하면 그대로 실행된다. 따라서 잘못된 프로그램을 저장하면 위험하지 않은 것을 위험하다고 평가하여 잘못된 신호를 신체에 전달한다. 불안은 이렇듯 우리 머리에 잘못 입력된 프로그램으로 인해 발생한다. 불안이 자신이 평가한 것에 따라 스스로 만들어낸 것이라면, 그 말은 곧 불안을 이길 수도 있다는 뜻이다.

인간은 학습과 사고가 가능한 존재이므로 생각을 바꾸는 법도 배울 수 있다. 감정의 ABC는 불안의 문을 여는 열쇠다. 남들과 비교하는 것은 아무 소용없다. 첫째, 남들이 겉보기에

느긋하게 행동한다고 해서 속마음도 느긋하리라고 단정 지을 수 없다. 둘째, 남들과 자신을 비교하려면 남들의 평가를 알아야 한다. 그들이 나와 같은 생각을 했는데도 불안을 느끼지 않고 느긋한 경우에만 내가 뭔가 잘못되었다고 결론 내릴 수 있는 것이다. "위험하다"라는 생각으로 인해 불안하다면 당신에겐 전혀 잘못이 없다. 부정적인 생각에는 불안으로 반응하는 것이 정상이다. 경고 신호를 보냈으니 신체가 경고 반응을 보이는 것은 당연하다. 그렇다면 왜 우리는 경고 신호로 반응하는데 남들은 그러지 않을까? 그 이유를 알아보자.

지금 당장 불안을 조장하는 당신의 생각을 찾아 나선다면 아마 아무것도 발견하지 못할 수 있다. 그래도 걱정할 필요 없다. 당신은 지극히 정상이다. 우리는 아직 시선을 생각으로 돌리는 습관을 들이지 못했을 뿐이다. 우리의 시선은 여전히 감정에 멈추어 있다. 우리가 감정에만 정신이 팔려 있는 통에 감정의 진짜 원인이 우리의 시야에 들어오지 않은 것이다. 우리는 감정은 어쩔 수 없는 것이라고 생각한다. 감정이 무작정 우리에게 치닫기 때문에 우리는 당할 수밖에 없다고 생각한다. 그래서 상황이 감정을 불러일으킨다고 잘못 판단하고, 그 상황을 자꾸 회피하려고만 한다.

생각의 단점

인간은 생각할 수 있는 존재지만 생각할 수 있다는 것이 마냥 좋은 것만은 아니다. 안타깝게도 생각이 실제로 일어나는 일을 항상 그대로 반영하지만은 않기 때문이다. 생각은 자유다. 자유에는 잘못 생각할 자유도 포함되고, 그릇된 생각이 내린 명령을 신체가 실행에 옮길 수 있다는 것도 염두에 두어야 한다.

우리 몸은 쥐를 보면 경고 반응을 일으킨다. 우리가 쥐를 위험하다고 생각하기 때문이다. 하지만 사실 쥐는 생명을 위협할 정도로 두려운 존재가 아니다. 어릴 적에 칼을 잘못 다뤄서 벤 경험이 있는 사람은 어른이 되어서도 칼을 보면 무서워 벌벌 떤다. 이제는 어른이기에 칼을 잘 다룰 수 있지만 '칼=위험'이라는 어린 시절에 내린 결론을 점검, 수정하지 않고 계속 간직하고 있기 때문이다. 어릴 때 밤에 자다가 깼는데 부모님이 외출하고 없어서 혼자 무서워 벌벌 떨었던 경험이 있다고 하자. 그가 어른이 된 지금도 집에 혼자 있으면 겁이 나는 것은 어렸을 때 했던 '위험' 평가를 어른이 되어서도 수정하지 않고 계속 혼자 있기를 거부했기 때문이다.

우리 몸은 위험하다는 지령에 무조건 반응한다. 우리 몸은 두뇌 센터의 명령을 묵묵히 따르는 실행 기관에 불과하다. 달리 말하면 우리의 불안 반응이 반드시 위험한 상황을 의미하는 것은 아니라는 것이다. 우리의 감정은 생각을 따를 뿐이다. 따라서 불안하지 않은 편안한 삶을 누리려면 올바른 사고, 사실에 맞는 사고가 필요하다. 상황을 올바르게 인식하고 실제로 위험한지 바르게 판단하는 법을 배워야 한다.

사실 현대인에겐 생명이 위태로운 상황이 일어날 일이 거의 없다. 대신 다른 방식의 위험이 도사리고 있다. 현대인은 타인의 거부와 비난, 시험, 엘리베이터, 자동차, 치과 등 객관적으로 볼 때 전혀 위험하지 않은 상황을 위험하다고 평가한다. 그래서 그런 상황에서도 위험과 맞닥뜨린 석기시대의 조상들처럼 반응한다. 그런데 문제는 남자는 용감해야 한다, 벌벌 떠는 인간은 약골이라는 식의 사회적 규범이 행동을 제약하기 때문에 설사 불안을 느끼더라도 그것을 숨기고 긴장한 티를 내지 않으려고 애쓴다. 물론 욕을 하거나 물건을 집어 던지거나 문을 쾅 닫는 등 간접적으로 표현할 수는 있겠지만 그런 방법은 사실 별 소용이 없다. 어차피 긴장은 풀리지 않고 그대로 남기 때문에 시간이 갈수록 미쳐버릴 것 같고, 가슴이 터질 것 같다. 방법은 회피하는 수밖에 없지만, 또 그러다 보면 삶에 제약이 너무 많아진다.

생각에는 엄청난 자유와 함께 크나큰 위험도 도사리고 있다. 우리는 실제 상황과는 관계없이 생각을 통해 감정에 영향을 미칠 수 있다. 생각을 활용하여 상황에 적절히 반응할 수 있기 때문에 생존할 수 있는 것이다. 하지만 자칫 잘못하면 생존에 필요 이상으로 불안을 조장하기도 한다. 신체는 우리의 상황 평가에 따라 반응한다. 그런데 대부분 한 번 내린 판단과 그에 따른 감정은 무조건 옳다고 보기 때문에 자신이 내린 평가의 정당성을 점검하지 않으려 한다. 그래서 반응 습관이 생겨나고, 그것이 우리의 인격을 구성하는 불변의 요인인 양 착각한다.

부모님이 겁이 많다거나 자신이 겁이 많다는 이유로 우리는 자신을 겁쟁이라고 확신한다. 그럼 신체와 마음 또한 그 판단에 맞게 불안으로 반응한다. 물론 그런 메커니즘이 유익할 때도 있겠지만, 몇 가지 반응은 영원히 어린 꼬마였을 때 수준에 멈춰버린다. 당시 어린아이 눈으로 무서워했던 상황 그대로 계속 회피하며 살았기 때문이다.

이 책에서 우리가 실행해야 할 과제는 바로 이것이다. 우리는 해묵은 평가를 찾아 그것이 지금 현재도 적절한지 점검해

보고, 필요하다면 수정하고, 새로운 평가에 맞는 새로운 행동
을 반복 학습하여 새로운 습관을 만들어나갈 것이다.

CHAPTER ③ 불안의 원인

타고나는 반응방식

연구 결과를 보면 불안 성향은 사람마다 다르다. 불안 성향이 높은 사람은 불안 반응 속도는 빠르되 대처 방안 습득 속도는 느리며, 새로운 상황에 적응하는 속도 역시 느리다. 또한 특정 상황에서 나타나는 구체적인 불안 행동은 환경의 영향을 많이 받는다. 우리는 모두 자기 불안의 빈도와 강도를 조절할 수 있다.

　공황장애나 광장공포증을 앓는 사람들은 일어설 때 어지러워 하는 경우가 많다. 또 깊은 곳이나 높은 곳을 쳐다보거나 흔들리는 차 안에 있으면 속이 울렁거린다. 이들은 혈관이 아주 쉽게 확장되거나 수축되지만, 이런 변화가 질병인 것은 아니다.

　인간에겐 타고 나는 쇼크 반응들(시끄러운 소리, 번개, 통증, 갑작스러운 무기력과 실신에 대한 공포)이 있고, 또 어린 시절엔 상상력이 풍부하기 때문에 특정 대상이나 동물, 어둠, 낯선 사람에 대해 자주 공포를 느끼곤 한다. 다행히 부정적인 경험이나 부족한 학습 기회로 인해 공포가 유지되지 않는다면 보통 이런 공포는 나이가 들면서 절로 없어진다. 아이는 자라면서 위험으로부터 자신을 지키는 방법을 배우기 때문이다. 하지만

어른이 되어서도 여전히 공포를 느끼는 사람들이 적지 않은
데, 그런 유아기적 공포는 아래 3가지 범주로 구분할 수 있다.

- 엘리베이터, 큰 기계, 폭약, 자동차, 접이식탁과 의자, 최신 기술 제품 등
  사람이 만든 물건에 대한 공포
- 천둥번개, 불, 어둠, 죽음, 폭풍, 흔들리는 나뭇가지 등 이해할 수 없는
  초자연적 현상에 대한 공포
- 사람과 관련된 공포. 누가 공격할지 모른다는 공포, 누군가를 화나게 만
  들거나 자신이 화가 날지도 모른다는 공포, 거절, 조롱, 모욕을 당할지
  모른다는 공포, 버림받을지 모른다는 공포

어린 시절 공포는 보통 자신이나 가까운 사람이 죽거나 다
칠 것이라는 공포에서 시작된다. 위의 3가지 공포 중 어른이
되어서도 지속되는 것은 대부분 첫 번째와 세 번째다.

학습으로 배운 반응방식

위험한 상황을 경험한 후 그 상황을 잊지 못하고 계속 떠올릴 경우(트라우마)에도 불안이 발생한다. 큰 수술을 받았거나, 높은 곳에서 떨어졌거나, 교통사고를 당하거나, 가족이 죽거나, 공공장소에서 갑자기 토하거나, 개한테 물렸던 경험 등 트라우마가 위험도에 대한 판단을 바꾸기 때문이다. 예전 같으면 아무렇지도 않았을 상황을 이제는 위험하다고 생각하고 과거의 경험이 되풀이될 가능성을 항상 염두에 두기 때문에 또 그런 상황이 올까 봐 늘 마음이 불안하다. 상황이 똑같지 않고 비슷하기만 해도 불안이 치솟는다. 그러니까 불안의 영역이 확장되는 셈이다.

상담실을 찾은 내담자들이 주로 꼽은 사건들은 아래와 같다.

원래의 사건	감정	불안을 불러오거나 악화시키는 자극
친척의 죽음	아플까 봐, 부고가 올까 봐 두렵다	신체질환
낯선 도시로 발령이 남	남들이 내가 불안해하는 걸 알아차릴까 봐 무섭다	사람 접촉
승진	일을 잘 못 할까 봐 불안하다	출근
직장에서 졸도함	공공장소에서 졸도할까 봐 불안하다	사람들과 같이 있는 것
사고 목격	사고를 당할까 봐 무섭다	운전, 도로 횡단
개에게 물림	개 공포증	개 짖는 소리, 개 사진

- 한 번도 경험해보지는 않았지만 어떤 상황을 위험하다고 상상하면 불안이 생긴다. 그래서 많은 사람들이 질병, 사고, 죽음, 노화를 두려워한다.

- 신체적 위험은 없어도 자존감, 체면, 위신이 깎일 위험이 있을 경우에도 불안이 생긴다. 남에게 부탁해야 할 때, 내가 먼저 말을 걸어야 할 때 겁이 난다. 성적이 떨어질까 봐 무서워하는 것도 마찬가지다.

- 도저히 해결책이 없는 경우 불안을 느낀다. 예를 들어 남편하고 헤어지고 싶지만 아이들을 데리고 혼자 살 자신이 없어서 고민 중이던 한 여성 환자는 심한 불안 증세를

보였다. 이혼하면 자살하겠다고 남편이 협박해서 차마
이혼을 못 하는 또 다른 여성도 마찬가지였다.

• 어린 시절 부모를 지켜보며 따라 했던 행동들이 불안을
일으킨다. 부모가 겁이 많거나 감정조절이 잘 안 되는 사
람인 경우 그 자식도 부모의 상황평가와 감정반응, 행동
방식을 그대로 물려받을 확률이 높다. 한 남성은 어릴 적
자신이 약속했던 시각보다 1분만 늦어도 어머니가 걱정
하며 바들바들 떨었다고 고백했다. 다른 여성은 조금만
아파도 어머니가 당장 자기를 병원으로 데리고 갔다고
말했다. 두 사람 모두 부모님과 비슷한 감정 및 행동 방
식으로 반응하였다.

• 아이가 무섭다고 하면 부모님이 서둘러 그 상황을 해결
해주거나 호들갑을 떨 경우 아이는 적극적인 대처법을
배울 수가 없다. 대신 불안한 감정이 생기면 도망치거나
회피해야 할 만큼 끔찍하게 여겨진다. 따라서 어릴 때 불
안을 견디는 법을 단계적으로 배울 기회를 가져야 한다.

• 불안을 별것 아니라고 무시하거나 억지로 외면할 경우에
도 바람직한 대처법을 배울 수 없다.

그 밖의 여러 가지 원인

사전 학습이 전혀 되어 있지 않은 상태에서는 갑자기 불안을 느끼기 마련이다. 대부분 많이 긴장한 상태에서 아무 이유도 없이 불안과 공포를 느끼는 것이다. 그런 경험이 있는 사람은 불안을 당시 상황의 어떤 특징 탓이라고 생각해서 이후 그런 특징이 있는 상황을 기피하게 되고, 그 결과 불안은 그대로 남아 있게 된다.

부부 사이가 좋지 않아 스트레스가 심한 사람이 백화점에서 갑자기 심한 공포를 느끼거나, 직장에서 과로와 스트레스에 시달리거나, 가까운 사람을 갑작스럽게 잃은 사람이 뜬금없는 장소에서 갑자기 급격한 공포를 느끼는 것이 이에 해당한다.

불안이 만성화되면 아무것도 아닌 일에도 아주 예민하게 반응한다. 트라우마를 겪은 후에는 일반적으로 불안 성향이 높아진다.

- 갑상샘 질환, 비타민 B1 결핍, 간 질환, 칼슘 부족, 바이러스 감염 같은 신체질환도 불안을 일으키는 요인이 된다.
- 저혈당과 저혈압은 어지러움과 졸도, 마비를 일으킬 수

있으므로 환자는 언제 그런 일을 겪을지 모른다는 불안
에 떤다.

- 갱년기의 호르몬 변화도 불안을 일으키는 요인 중 하나
  다. 따라서 병원을 찾아 적절한 검사를 해볼 필요가 있다.
- 갑상샘 약, 항우울제, 항히스타민제, 특정 감기약, 수면제,
  순환계 약품, 진정제, 술, 카페인, 코카인, 환각제 등도 복
  용 중이거나 끊은 후에 불안을 일으킬 수 있다.
- 뇌 손상, 정신질환, 우울증, 강박장애도 불안을 일으킬 수
  있다.

그러므로 다시 한번 강조한다. 의학적 검사를 통해 불안이
신체적 원인이 아니라는 사실을 명확히 밝혀야 한다. 하지만
몸이 아파서 1년 이상 이 병원 저 병원 전전하며 원인을 찾았
지만 아무 소용 없었다면 반대로 생각해야 한다. 이제는 정신
과나 심리치료 쪽으로 시선을 돌리라는 소리다. 몸과 마음은
하나기 때문이다. 신체질환이 공포를 불러올 수 있고 마음이
아프면 몸도 따라 아플 수 있다.

정리하면, 불안은 대부분 특정 상황의 위험은 과대평가하고, 그 위험에 대처하는 우리의 능력은 과소평가하기 때문에 생긴다. 상황과 자기 능력에 대한 평가는 어린 시절에 이미 모두 배우기 때문에 불안은 우리가 의식적으로 생각하지 않아도 찾아온다.

생각 바꾸기 5단계

오랫동안 반복된 생각과 감정과 행동을 바꿀 수 있을까? 물론이다. 그럴 수 있다. 특정 자세, 감정, 행동 방식에 길이 든 사람도 그것을 바꿀 수 있다. 마치 외국어를 배우는 것과 같다. 외국어 학습과 같이 5단계 과정을 거치면 누구든 묵은 생각과 감정과 행동을 바꿀 수 있다. 단, 5단계 중 어느 하나도 건너뛰어서는 안 된다.

1단계 지성적 판단 내리기

가장 가벼운 걸음인 첫걸음은 지성적 판단이다. 묵은 판단을 점검하고 상황에 맞게 수정하는 단계다. 이 과정이 지나고 나면 우리는 다르게 생각하고 다르게 행동해야 한다는 사실을 이론적으로 알게 된다. 따라서 상황을 적절하게, 다시 말해 지나치게 긍정적이거나 지나치게 부정적이지 않게 평가하게 된다. 진짜 어른의 눈으로 판단하는 것이다. 외국어 학습이라면 철자를 외우는 단계에 해당한다.

2단계　연습하기

1단계에서 점검을 마쳤다면 이제 새롭게 생각하고 그 생각에 맞춰 행동하고자 한다. 새로운 평가에 맞춰 행동하면 어떨지 머릿속으로 그려보는 것이다. 외국어 학습이라면 공부를 하면서 머릿속으로 누군가와 외국어로 대화를 나누는 장면을 그려보는 단계에 해당한다.

3단계　머리와 가슴 충돌시키기

5단계 중에서 3단계가 가장 힘들다. 심리치료를 받다가 중단하는 사람들 대부분이 이 단계를 넘기지 못하고 포기하곤 한다. 생각을 바꾸어 현실에 맞게 판단하고 그에 맞게 행동하지만 과거의 부정적 감정은 여전하다. 그래서 자꾸 자신을 속이는 것 같고, 자신을 억지로 설득하려고 하는 것 같다. 사실 그 느낌은 틀리지 않다. 지금껏 다르게 보았던 것이 옳다고 자신을 설득하는 것이기 때문이다. '설득하다'라는 말이 틀린 것을 억지로 주입시키는 것 같은 개운치 못한 뒷맛을 남기지만 절대 그렇지 않다. 세상을 최대한 있는 그대로 보는 것, 지나치게 긍정적이거나 지나치게 부정적으로 보지 않는 것이 우리의 목표다.

자신을 설득시키려는 느낌이 드는 이유는 우리가 과거에 틀린 것을 믿으라고 스스로를 설득했고, 이제 그것을 고치려 하기 때문이다. 그러니까 이 단계에선 머리와 가슴이 충돌한다고 보면 된다. 그래도 이 단계를 거쳐야만 발전이 있다. 용기와 인내만 있으면 된다. 용감하게 참고 견디면 결국 우리 몸도 어쩔 도리 없이 새로운 평가에 적응하게 될 것이다. 자주 새로운 평가를 떠올리고 그에 맞게 행동하면 어느 순간 4단계에 도달한 자신을 발견하게 될 것이다. 학습 능력만 있다면 누구든 반드시 그럴 것이라고 장담한다. 언제 그렇게 될 것인지는 누구도 예상할 수 없다. 그건 연습 시간과 빈도에 달려 있다. 그래도 언젠가는 우리 모두 반드시 성공할 수 있을 것이다.

외국어 학습이라면 외국어를 잘 구사하면서도 왠지 자꾸 틀린 것 같아서 모국어로 표현해야 할 것 같은 느낌이 드는 단계라고 할 수 있다.

4단계 머리와 가슴 일치시키기

고지가 바로 저기다. 서서히 묵은 감정이 물러나고 몸은 달라진 평가에 맞추어 반응한다. 그래도 아직은 새로운 생각이 의식되는 단계다. 외국어 학습이라면 자신의 외국어 구사가 완벽하다는 느낌이 드는 단계다. 외국어로 자기 생각을 문제없이 표현할 수 있지만 아직 외국어를 쓴다는 의식이 자리 잡고 있는 단계다.

5단계 새로운 습관 자리 잡기

마침내 고지를 탈환했다. 자동적으로 올바른 평가를 내리고 그에 맞게 행동하고 느낀다. 새로운 습관이 자리 잡은 것이다. 외국어 학습이라면 의식하지 않고도 외국어를 쓰는 단계다. 심지어 꿈에서도 외국어로 이야기한다. 상담실을 찾은 내담자들은 이 단계에 이르면 꿈에서도 불안을 느끼지 않는다고 말한다.

식습관 바꾸기 역시 생각을 바꾸는 대표적인 사례라 할 수 있다. 설탕이 몸에 해롭기 때문에 이제부터 커피에 설탕을 넣지 않겠다고 마음먹었다고 가정해보자. 1단계 지성적 판단에

서는 "설탕은 해로워. 앞으로는 블랙커피를 마실 거야"라고 생
각한다. 2단계 연습하기에서는 커피를 내리면서 설탕을 넣지
않겠다는 결심을 떠올린다. 그러나 곧이어 3단계에 들어섰을
때 머리로는 "설탕은 몸에 해롭다"라고 생각하지만 몸은 블랙
커피는 맛이 없다고 반박한다. 이때 몸의 말을 들으면 커피에
설탕을 넣을 것이고 블랙커피의 맛은 평생 알지 못하게 될 것
이다. 과거의 프로그램과 습관에 따라 행동하기 때문이다. 묵
은 습관을 버리고 싶다면 몸의 느낌을 무시하고 설탕을 넣지
말아야 한다. "설탕은 해롭다"는 새로운 생각에 맞게, 다시 말
해 새로운 평가를 믿고 행동해야 한다. 이런 행동을 반복할 경
우 4단계에 이르게 된다. 블랙커피가 맛있어지기 시작하는 단
계다. 그 단계를 지나서도 계속해서 같은 행동을 되풀이하면
마침내 5단계에 이르게 된다. 누군가 몰래 당신의 커피에 설
탕을 타면 그 커피를 마신 당신이 웩 하고 커피를 뱉는다. 이
런 생각의 전환은 언제 왜 당신이 블랙커피를 좋아하게 되었
는지는 몰라도 변화된 것이다.

　이렇듯 모든 습관은 바뀔 수 있다. 다만 감정과 몸의 반응
이 충돌하는 단계를 거쳐야 한다. 물론 우리 모두 감정에 따라
행동하는 습관이 있기 때문에 그것이 말처럼 쉽지만은 않다.

특히 불안은 위험을 경고하는 필수 감정이기 때문에 쉽게 털어버릴 수 없다. 하지만 당신도 할 수 있다. 그렇지 않다면 내 손에 장을 지지겠다. 당신의 감정도 반드시 상황에 맞게 바뀔 수 있다.

CHAPTER ④ 불안의 악순환

불안으로 인한 불안

감정은 생각이 일으키는 것이라는 사실은 또 다른 결과를 낳는
다. 우리 몸은 생각의 지시를 맹목적으로 따른다. 폐를 예로 들어
보자. 폐는 우리가 들이마신 공기를 처리한다. 하지만 그 공기가
좋은 공기건 나쁜 공기건 개의치 않는다. 몸은 발언권이 없다.

부정적인 생각으로 인해 특정 상황에서 과도하게 반응하
는 습관이 든 경우 우리는 그 부정적인 생각은 전혀 의식하지
못한 채 심장이 두근거리거나 호흡이 가빠지는 등 몸의 반응
만을 느낀다. 그러고는 이런 신체 경고 반응만으로 상황이 실
제로 위험하다고 결론 내린다. "그렇지 않다면 이렇게 불안하
지는 않을 것이다"라고 자신을 부추기면서 불안을 이제 곧 일
어날 끔찍한 일의 경고로 해석하는 것이다.

그러나 이런 결론과 그로 인한 불안은 더 큰 불안을 불러
온다. 결과는 악순환이다. 상황이 위험하다고 판단함으로써
불안을 불러오고, 다시 그 불안으로 위험하다는 자신의 평가
를 정당화한다. "내가 미치지 않고서야 아무 이유도 없이 이렇
게 불안할 리가 없어!"라면서 말이다. 한 마디로 최선을 다해
불안해지려 노력하는 꼴이다. 그러나 이런 생각은 크나큰 착

각이다. 불안을 느낀다는 사실은 그저 불안을 일으키는 생각을 했다는 뜻일 뿐이다.

한 장군에게 전투가 무섭지 않으냐고 묻자 그는 이렇게 대답했다. "당연히 무섭습니다. 하지만 나는 절대 그 공포에 조언을 구하지 않고, 그 공포의 말을 듣지 않습니다."

이런 악순환의 고리를 파악하기 쉽게 정리해보면 다음과 같은 도식이 나올 것이다.

상황

↓

부정적 평가
상황이 위험하다

↓

불안과 신체 증상

↓

감정과 신체 증상 인식

↓

감정과 신체 증상 평가
이렇게 불안한 것을 보니 상황이 위험한 게 틀림없다.

↓

불안과 신체 증상

건강한 불안이 있을까?

불안은 대부분 어떤 상황을 위험하다고 평가했기 때문에 생겨
난다. 그렇다면 그 평가는 과연 올바를까? 이 세상엔 실제로
위험이 존재하기 때문에 위험하다는 판단이 언제 옳고 언제
그렇지 않은지 따져 물을 필요가 있다.

언제·위험에 대비해야 할까? 불안이 바람직할 때는 언제일
까? 이 질문에는 보편타당한 대답이 없다. 언제 느끼는 불안이
정상인가? 이 질문 역시 마찬가지다. 흔히 대부분의 사람은 불
안을 느끼면 정상적인 불안이라고 말한다. 하지만 다른 사람
들 역시 불안을 느낀다는 사실은 정상적인 불안의 증거가 아
니라 그저 그 사람들 모두가 그 상황을 '위험'으로 판단한다는
의미다. 불안은 개인의 결정이다. 모두가 특정 상황에서 얼마
만큼 불안을 느끼고 싶은지 스스로 물어야 한다.

적절한 불안이란 상황에 적절히 반응하는 데 필요한 만큼
만 경고를 보내고 우리의 능력을 일깨우는 불안이다. 불안이
너무 약하면 경고가 너무 약해 몸이 제 능력을 발휘하지 못한
다. 반대로 너무 강하면 공황에 빠져 역시나 적절하게 반응할
수 없다. 중간 정도의 흥분이 최고의 능력을 일깨운다. 그럴

때야말로 우리는 정신을 바짝 차리고 바람직한 해결책을 모색할 수 있다.

거미나 새처럼 실제로 크게 위험하지 않은데도 겁을 집어먹는다면 그 불안은 의미가 없다. 그럼에도 그 무의미한 공포와 더불어 살겠다고 결정할 수 있다. 일상에서 자주 발생하는 상황이 아니거나 삶을 심각하게 제약하는 불안이 아니라면 반드시 극복해야 할 필요는 없다. 실질적인 위험이지만 발생 가능성이 낮다면(비행기 추락, 화재) 역시 무의미하다. 우리가 어떻게 할 수 없는 상황(죽음, 노화, 중병) 역시 미리 걱정하고 무서워할 필요가 없듯이 말이다.

발생 가능성이 높은 실질적 위험을 피할 수 있게 도와주는 불안이 가장 바람직하다. 위험을 피하는 데 아무런 도움이 안 된다면 그 불안은 직무유기다. 그럴 땐 나 역시 당신과 마찬가지로 불안을 통제하기 위해 혹독하게 노력할 것이다.

흔히 내담자들은 심리치료사는 불안을 느끼지 않을 것이라고 생각한다. 그렇지 않다. 심리치료사가 내담자보다 유리한 점은 불안 극복 전략을 안다는 것뿐이다. 그의 프로그램과 자세는 심리학 공부를 하기 전에 생겨난 것이므로 그 역시 불안 극복을 위해 노력하는 것뿐이다.

불안이 우리를 옥죄고 삶을 제약한다면 불안을 이겨내기 위해 노력해야 한다. 불안이 목표 도달을 어렵게 하고 자신이 원하는 삶을 방해한다면 마땅히 물리치기 위해 노력해야 한다. 언제 느끼는 불안을 바람직하다고 볼 것인가? 그건 스스로 결정할 수 있고 또 그래야만 할 때다.

평생 불안하지 않았으면 좋겠다!

평생 불안을 느끼고 싶지 않다는 상상은 매력적이지만 바람직하지 않고 현실적이지도 않다. 적절한 정도의 불안은, 특히 아직 경험해보지 못한 상황 앞에선 바람직하고 또 반드시 필요하다. 불안이 집중력을 높이기 때문이다. 그러므로 불안으로부터의 해방을 목표로 삼을 것이 아니라 아래와 같은 전략을 배워야 한다.

- 실재하지 않는 위험에 대한 무의미한 불안을 극복해야 한다.
- 발생 가능성이 낮은 위험에 대한 불안을 극복해야 한다.
- 실재하지만 우리가 어쩔 수 없는 위험에 대한 불안을 극

복해야 한다.

- 실재하고 발생 가능성도 높은 위험에 대한 불안은 해결책을 모색하라는 조언으로 해석하여 불안에 압도당하지 않아야 한다.

우리의 목표는 목표 실현을 방해하고 자신이 원하는 삶을 방해하는 불안은 극복하고, 실제 위험을 경고하고 경각심을 일깨우는 불안에 대해서는 그 대처법을 배우는 것이다.

바람직한 불안을 판단하는 기준

불안은 대부분 우리의 평가와 판단으로 인해 생겨난다. 여기까지는 모두가 동의할 것이다. 따라서 불안이 바람직한지 아닌지를 알아내려면 우리의 평가부터 정확하게 살펴보아야 할 것이다.

불안을 느끼는 사람들의 사고 패턴에는 뚜렷한 특징이 있다. 그들의 생각과 상상은 하루 종일 위험과 재난 주변만을 맴돈다. 또 현실을 왜곡하고, 상황과 사건을 잘못 해석하며, 과거의 경험을 일반화하고, 미래를 부풀려 자의적인 결론을 이끌어낸다.

- 있지도 않은 재앙을 직접 눈으로 목격했다며 위험을 과 장한다.
- 시간이 갈수록 점점 더 많은 상황을 위험하다고 평가하 며 자신의 감정과 신체 반응에 과도하게 관심을 쏟는다.
- 자신의 문제해결 능력을 과소평가하며 문제 해결이 불가 능하다고 확신한다.
- 위험한지 아닌지 점검해보지도 않고 무조건 상황을 기피 한다.
- 지나치게 예민한 그들의 경보장치는 거의 모든 자극에 오류 경보를 울려댄다.

바람직한 불안을 판단하는 확실한 기준은 없다. 하지만 다 음에 나오는 6가지 질문이 당신이 지금 진짜로 불안한 건지 아니지 판단하는 데 큰 도움을 줄 것이다.

불안을 판단하기 위한 6가지 질문

Q | 당신이 위험하다고 생각하는 일이 실제로 일어날 것인가?
당신이 위험하다고 생각하는 일이 실제로 생명을 위협하는가?
그렇다면 그 증거는 무엇인가?

A | 상담실을 찾는 내담자 중에는 불쾌하다는 이유만으로 위험하지 않은 상황을 위험하다고 생각하는 경우가 있다. 괜히 부탁했다가 거절당할까 봐 겁이 나서 아예 말을 꺼내지도 않고 일어나지도 않을 재앙을 미리 예견하는 것이다.

> "분명 거절당할 거야."
>
> "극장에 갔다가는 분명 졸도할 거야."
>
> "차를 탔다가는 교통사고를 당할 거야."
>
> "머리가 아픈 걸 보니 틀림없이 뇌종양일 거야."

이렇듯 신문이나 친구한테 들은 이야기 중에서 부정적인 사건만 골라내는 것이다. 그들의 머릿속은 온통 사건사고와 재앙으로 가득하다. 당연히 이것은 과학적 접근법이 아니다. 첫 번째 질문은 과학자나 변호사처럼 객관적인 입장에서 불안에 접근하도록 도와준다.

무서운 일이 실제로 일어날 거라는 증거가 어디에 있는가? 과거에 그런 일이 있었다고 해도 또 그런 일이 일어난다는 보장은 어디에도 없다. 더군다나 그들 중 대부분은 한 번도 일어나지 않았던 일조차 겁내고 두려워한다.

Q │ **당신이 위험하다고 판단한 상황이 실제로 불쾌할 수 있다면, 그 일이 일어날 가능성은 어느 정도인가?**

A │ 불쾌한 상황이 발생할 수도 있을 것이라는 생각은 옳지만 그 일이 일어날 가능성을 과장하는 사람들이 있다. 이론적으로는 지금 이 순간 비행기가 당신의 집으로 추락할 수도 있지만 그런 일이 일어날 가능성은 매우 낮다. 살면서 한 번도 졸도한 적이 없다면 마트나 미용실에서 갑자기 기절할 가능성 역시 매우 낮을 것이다. 하지만 당신이 계속해서 위험한 상황을 상상하고, 예상하고, 머릿속으로 생생하게 그린다면 당신의 몸은 그것에 맞춰 반응할 것이다. 그런 위험한 사건이 일어날 수도 있지만 일어날 가능성은 매우 낮다. 따라서 이론적으로 가능하다는 이유로 온갖 위험한 사건을 걱정하느라 시간을 허

비하는 것은 바람직하지 않다. 걱정만 하며 살기에는 우리 인생이 너무 짧지 않은가. 실제로 일어날 가능성이 있을 때만 걱정하는 것이 바람직하다. 또 그럴 경우에도 그러한 상황이 일어나지 않게 예방하기 위해 최선을 다해야 할 것이다.

치매 환자의 숫자가 증가하고 있다. 그래서 나도 치매에 걸릴까봐 전전긍긍해야 할까? 물론 원인을 연구하고 예방조치를 취하는 것은 다른 문제다.

Q | 위험하다고 생각하는 사건을 막을 방법이 있는가?

A | 어떤 사건을 위험하다고 판단하여 싸우거나 도망치거나 쇼크 반응을 보일 각오를 다졌다면 거기서 멈추지 말아야 한다. 그 사건을 막을 방도를 찾기 위해서 노력해야 한다. 경보 신호를 요란하게 울려놓고 손 놓고 가만히 있다면 얼마나 한심한 짓인가?

Q 위험하다고 평가한 사건이 실제로 일어날 경우
생존 가능성은 얼마나 있는가?
만일 위험한 일이 일어난다면 어떻게 할 것인가?
당신은 무엇을 할 수 있는가?

A 위험한 사건이 일어날 것이라고 상상한다면 그다음에는 어떻게 할 것인지도 함께 고민해야 한다. 많은 사람이 미래를 걱정하고 나쁜 상상을 하다가 결국 공포에 빠져든다. 그러고는 상상을 뚝 멈추어버린다. 속수무책으로 불안에 떨기만 할 뿐 상상의 나래를 펼쳐 대처법을 찾을 생각은 하지 않는다. 하지만 죽지 않는 한 대처법은 있기 마련이다. 설사 죽는다고 해도 그럼 더 이상 고민할 이유가 없다(냉혹하게 들릴지 몰라도 사실이 그렇잖은가). 이때도 '감정의 ABC'가 위험한 상황에 대처하는 데 도움을 줄 것이다. 기억나는가? 감정은 상황이 아니라 그 상황을 바라보는 당신의 생각에 의해 결정되는 것이다.

Q | 다른 사람도 당신이 위험하다고 생각하는 상황에서
불안을 느끼거나 그 상황을 기피하는가?

A | 이 질문은 우리에게 선택의 가능성이 있다는 사실을 다시
한번 상기시킨다. 실제로 모든 사람들이 무서워하고 기피하
는 상황이라면 당신도 불안을 느껴야 한다. 다른 방도가 없
다. 하지만 같은 상황에서 편안해하거나 불안을 참고 견딜
수 있는 사람들이 있다면 우리도 그들의 전략을 배워야 할
것이다. 우리에겐 선택의 여지가 있다. 불안을 극복할 것인
지 말 것인지는 나 자신에게 달려 있다. 밤에 공원에서 혼자
산책해야 할 필요는 없지만 노력한다면 혼자서도 용감하게
산책할 수 있다. 연날리기, 폭포에서 줄타기, 사자 우리에 들
어가는 법을 꼭 배워야 할 필요는 없지만 원한다면 배울 수
도 있다.

Q | 위험하다고 생각되는 상황을 피한다면 무엇을 잃을 거 같은가?
직장에서, 인간관계에서, 자존감과 관련해 어떤 손실이 있는가?
반대로 위험을 무릅쓰고 그 상황을 받아들인다면 어떤 이득이 있는가?

A | 삶에서 모험이 아닌 것은 없다. 확실한 것은 단 하나, 우리
모두 언젠가 죽는다는 사실이다. 이 사실은 무언가를 결정

할 때 도움이 된다. 득이 실보다 많으면 그 상황에 뛰어드는 것이 바람직할 것이다.

정리하면, 불안을 많이 느끼는 사람은 아래와 같은 특징이 있다.

- 위험을 비현실적으로 평가한다.
- 전혀 위험하지 않은 상황을 위험하다고 생각한다.
- 현실적으로 존재하지 않는 위험을 현실인 양 착각한다.
- 손실을 얻을 가능성을 과장한다.
- 위험의 정도를 과장한다.
- 머릿속으로 위험한 상황을 반복하여 상상한다.
- 불안한 것을 두려워한다.
- 아무것도 아닌 상황을 불안한 상황으로 전이시킨다.
- 모든 것을 일반화해 불안을 일으키는 상황을 늘린다.
- 자신의 문제 해결 능력을 외면한다.
- 과거의 긍정적 사건을 망각하고 미래엔 극복할 수 없는 문제만 있을 것이라 믿는다.

CHAPTER ⑤
불안을 막기 위한 일상의 전략들

대부분 불안을 매우 불쾌한 감정으로 느낀다. 따라서 사람들은 불안을 막기 위해 다양한 전략을 구사한다. 보통 시점에 따라 이렇게 나눌 수 있다.

- 불안한 상황을 각오하고 있을 때
- 불안한 상황일 때
- 상황이 종료되고 경험을 소화할 때

불안을 이기기 위해 우리가 주로 사용하는 전략들

회피

겁이 나면 인간은 생물학적으로 싸우거나 도망치거나 둘 중 하나의 전략을 택한다. 우리 사회에선 폭력이 범죄이므로 대부분의 사람은 도망치는 전략을 택하게 된다. 하지만 세 번째 방법도 있다. 바로 회피다. 불안한 상황을 맞닥뜨리지 않으면 몸이 위험 신호를 보내지 않을 것이고 그럼 불안을 느끼지 않아도 되니 말이다. 회피하면 부정적 결과를 면할 수 있기에 많은 사람들이 그것을 불안에 대처하는 가장 적절한 전략이라고 생각한다.

　M 씨는 극장에서 영화를 보다가 혼절한 적이 있는데 그날 이후 극장에는 발도 들여놓지 않는다. 이 전략의 단점은 회피로 인해 악순환에 빠지게 된다는 것이다.

	발생 상황	미래 상황
A	극장에 간다 **혼절**	극장에 가지 않는다 **회피**
B	위험	무사하다
C	불안	불안하지 않다

　우리는 단 한 번 불쾌한 경험을 했다는 이유로 어떤 상황을 "항상 위험하다"고 잘못 판단하여 불안을 느끼고 그 상황을 회피한다. 그 결과 상황이 실제 우리가 생각하는 것만큼 위험하지 않다는 경험을 할 수가 없기에 잘못된 결론을 내리고 편견을 굳힌다. 계속해서 그 상황이 위험하다고 믿으면서 고통을 미연에 방지할 기가 막힌 방법을 생각해낸 자신을 무척 기특해한다. 그렇게 그릇된 판단은 점점 더 확고해져 가고, 심지어 비슷한 상황에 처했을 때도 위험하다고 생각하여 비슷한 상황들조차 회피한다. 많은 사람들이 처음에는 지하철만 안 탔는데 차츰 버스도, 기차도, 자가용도 못 타다가 마침내 아예

집 밖으로 나가지 못하게 되는 이유가 바로 이 때문이다.

이 전략의 단점은 회피가 불안의 유지 및 확대로 이어진다는 점이다. 위험에 대한 그릇된 평가를 점검하고 수정할 기회를 스스로 박탈했기 때문이다.

물론 불안한 상황을 회피하면 불안을 느끼지 않을 수 있다. 그러나 시간이 갈수록 불안은 점점 더 확대되고, 계속해서 회피하다 보면 그 행동 방식이 습관으로 굳어진다. 그래서 그런 상황이 닥쳤을 때 무사히 견딜 수 있으리라는 상상조차 할 수 없게 된다. 결국 남에게 전적으로 의존하는 삶을 살게 된다. 혼자서는 장도 볼 수 없고 은행도 못 가니 누군가에게 도움을 청할 수밖에 없는 것이다.

회피하면 당장의 불안은 면할 수 있지만 삶의 반경이 현격히 줄어든다. 불안을 면한 대가가 너무 혹독하지 않은가. 또 삶을 적극적으로 살지 못하는 자신의 무능함에 불만을 가질 수밖에 없다. 불안을 물리치기 위해 노력하는 것도 힘들지만 노력하지 않아도 힘들기는 마찬가지다. 회피 전략은 그 상황이 실제로 위험할 때만 의미가 있다.

중독

신체 증상과 감정이 스스로 만들어낸 것이라는 사실을 알지 못하면 그 감정을 스스로 바꿀 수 있다는 사실도 모를 것이다. 그래서 많은 사람들이 뭔가 문제가 있다고 생각하면 진정제나 담배, 술로 몸을 다스리려고 한다. 혹은 포만감을 느끼면 긴장이 풀리기 때문에 계속해서 음식을 먹어댄다. 처음에는 효과가 있는 것 같을 것이다. 실제로 불안이 많이 줄어든다. 그래서 딱 맞는 방법을 찾았다고 안심한다. 약을 가방에 넣고 다니는 것만으로도 안도감이 든다.

상담실을 찾은 몇몇 내담자들은 어디를 가나 늘 재킷 주머니에 약을 넣고 다닌다고 했다. 그래야 비상시 얼른 꺼내 먹을 수 있으니까 말이다. 또 어떤 사람은 항상 먹을 것을 들고 다닌다고 했다. 하지만 이 전략의 문제는 시간이 가면서 점점 섭취량이 늘어난다는 데 있다. 몸은 금방 익숙해지기 때문에 동일한 효과를 노리려면 양을 늘릴 수밖에 없는 것이다.

이 전략의 단점은 불쾌한 감정 상태만 평가하고 그것을 마비시키려 한다는 데 있다. 그래서 전과 다름없이 계속해서 경고 신호를 보내는데도 긴장과 불안으로 인한 몸의 반응을 없애려고만 든다. 장기적으로 보면 불안을 극복하기는커녕 오히려 문제를 더 키울 뿐이다. 결국 니코틴, 알코올, 의약품 중독 이나 비만 같은 부정적 결과에 이르게 된다.

인정하지 않음

그런가 하면 불안을 아예 인정하지 않으려는 사람들이 있다. 특히 완벽주의 성향이 강한 사람들이 그렇다. 이런 사람들은 상황이 위험하다는 자신의 판단은 그대로 둔 채 억지로, 젖먹던 힘까지 짜내서 자신을 위험한 상황으로 몰아넣는다. 그러나 애써 불안한 상황으로 발을 들이밀고는 불안이 잦아들 때까지 기다리지 못하고 얼른 그 상황에서 벗어나려고 노력한다. 불안한 상황으로부터 도망치는 것이다. K 씨는 지금도 극장에 가면 아무도 모르게 얼른 극장을 빠져나올 수 있게 제일 가장자리에 앉는다. S 씨는 기차는 못 타고 지하철만 탄다. 지하철은 역마다 서기 때문에 불안감이 심해지면 얼른 내릴 수 있기 때문이다.

이 전략 역시 단점이 있다. 상황이 위험하다고 자신에게 속삭여 한껏 불안을 조장해놓고 정작 그 불안을 해소하지 않으니 말이다. 이 전략은 생명의 위협을 무릅쓰고 그 상황으로 들어가라고 자신에게 강요하기 때문에 긴장과 불안이 더 심해진다. 게다가 금방 뛰쳐나와 버리기 때문에 상황에 익숙해질 기회가 없다.

　우리 몸은 심한 흥분과 불안을 오래 유지하지 못한다. 흥분과 긴장은 최고조에 달한 후 어느 정도 시간이 지나면 절로 해소된다. 따라서 긴장과 불안을 조금만 참고 견디면 그 상황에 익숙해질 수 있다. 하지만 불안을 인정하지 않는 사람들은 참지 못하고 상황을 벗어나려 하기 때문에 시간이 갈수록 점점 더 견디기 힘들어진다. 겁에 질려 도망치면 그 상황을 생각할 때마다 공포스러웠던 때가 기억날 것이고 다음번에는 그 상황으로 발을 들여놓기가 더 힘들어지고 만다.

걱정

　위험한 상황에 처해 벌벌 떠는 자신의 모습을 계속 상상하면 그 상황을 피할 수 있다고 믿는 사람들이 있다. 그래서 많은 엄마들이 사고당한 아이를 품에 안고 우는 자신의 모습을 자주 상상하곤 한다. 하지만 이렇게 상상하는 것만으로도 그런 상황에 맞닥뜨린 것과 똑같은 신체 반응을 불러일으킨다. 자신도 모르는 사이 계속 불안 반응을 연습하는 셈이다.

　이 전략은 위험한 상황이 오기도 전에 이미 긴장해 정작 위험한 상황이 닥쳤을 때는 아무것도 할 수 없다는 것이다. 극복 전략이 아니라 무기력을 반복해서 훈련하는 셈이다. 걱정은 합리적인 숙고와 달리 문제를 키우기만 할 뿐이다. 상상 훈련은 재앙을 상상하는 데 그치지 않고 상상의 나래를 활짝 펴해결방안을 모색할 때만 의미가 있다. 어떻게 해서 재앙을 이겼는지, 우리가 무엇을 할 수 있을지를 상상해야 한다. 그렇게 하지 못한다면 아예 재앙 자체를 상상하지 말아야 한다.

부정과 외면

많은 사람들이 위험하다고 생각되는 상황이 닥치면 외면하는 전략을 택한다. 유튜브를 보고, 사람들을 만나 수다를 떨고, 온라인 쇼핑을 하고, 온종일 텔레비전을 틀어놓는다. 이 방법은 다른 전략과 병행할 경우 바람직한 전략이다. 다만 쉽게 강박적 행동으로 발전할 수 있다는 단점이 있다. 불안을 외면할 수 있는 도구나 다른 사람 없이는 상황을 극복할 수 없다고 믿게 되기 때문이다. 그러나 불안을 조장하는 생각과 상상을 하지 않으려 노력하며 함께 병행한다면 바람직한 전략이 될 수 있다.

동맹군 찾기

불쾌한 상황을 모면하기 위해 남편 또는 부인이나 친구를 끌어들이는 사람들이 많다. 운전을 해달라거나, 엘리베이터를 꼭 누군가와 같이 타려 하고, 친구에게 마트에 함께 가 달라고 부탁한다. 이 전략은 단기적으로는 괜찮은 방법이다. 하지만 장기화되면 주변 사람과 친구들의 눈치를 보게 될 테니 점점 부탁하기가 힘들어지고 그러면 불안은 더 심해질 것이다. 또는 불안을 상대에게 도움을 청하는 도구로 이용하기도 한다. 불안한 모습을 보여 상대의 공감과 동정을 구하는 것이다. 그러나 그런 행동 뒤편에는 혼자서는 절대 해낼 수 없고, 혼자서는 책임질 수 없다는 불안이 도사리고 있다.

숨기기

불안이나 공포가 허약함의 증거라고 생각하여 남들에게 불안한 모습을 들키지 않으려 애쓰는 사람들도 있다. 안간힘을 쓰고 호흡을 빨리하여 애써 불안을 숨긴다. 하지만 감정을 자꾸 억누르다 보면 이러다 미칠 것 같다는 느낌이 밀려든다. 이 전략의 단점은 불안을 숨기기 위해 술이나 담배, 진정제 같은 중독물질에 빠질 위험이 크다는 것이다. 그러지 않고서는 오랜 기간 그 사실을 숨기기가 힘들 테니 말이다.

때론 "아무것도 아냐", "멍청이같이 왜 그래" 이렇게 자신을 욕하거나 다독이기도 한다. 하지만 잠시 사라지는 것 같았던 불안은 금세 다시 돌아온다.

강박 행동

가만히 있으면 불안이 밀려든다. 걱정이 솟구치고 무시무시한 상상이 떠오른다. 불안을 잊기 위해 달리 할 수 있는 것도 없다. 그럴 때 사람들은 반복적으로 손을 씻는 등 강박 행동을 하게 된다. 이 전략의 단점은 불안의 원인은 제거하지 못한 채 기이한 행동을 보여 자꾸 세상과 멀어지고 따라서 삶의 폭도 점점 더 좁아지게 된다.

미루기

불안을 조장하는 모든 일을 미룬다. 이는 모래에 머리를 박고서 아무도 모를 것이라고 생각하는 타조와 같다. 단기적으로는 안정을 찾을 수 있을지 모르지만 미뤄뒀던 기한이 다가올수록 불안은 점점 더 심해진다. 결국 엄청난 압박감을 느끼며 그 일을 할 수밖에 없는 것이다. 이 전략의 단점은 미뤄뒀

자 불안을 조장하는 상황은 달라지지 않고 미뤄서 생기는 부
정적인 결과만 추가될 뿐이라는 것이다. 미루다 미루다 발표
준비를 이틀 전에 시작하면 시간이 촉박해서 제대로 준비할
수 없고, 미루다 미루다 치과에 가면 이미 이가 다 썩어 뽑을
수밖에 없게 될 테니 말이다.

정리하면, 앞서 얘기한 대부분의 전략은 효과가 단기적이
거나 제한적이다. 문제의 원인인 부정적 생각 대신 그 생각의
결과인 불안에만 관심을 두기 때문이다.

진정제와 의약품 복용

이 병원 저 병원 전전하며 이 약 저 약 먹다가 결국 상담실을
찾는 내담자들이 의외로 많다. 최신 연구 결과를 보아도 독일
에서 안정제 중독자가 50만 명이나 된다고 한다. 또 벤조디아
제핀계 안정제 처방량이 연간 10억 알에 달한다고 한다. 대부
분은 전혀 의도치 않은 상태에서 약에 중독되고 만다. 다들 시
작은 언제나 그렇듯 별문제 아니었다.

처음에는 몸이 아프고 마음이 불안해서 병원을 찾는다. 의사는 자율신경실조증, 노이로제, 심신질환 같은 진단을 내리고 안정제를 처방해준다. 문제는 대부분의 의사가 중독의 위험성을 알려주지 않는다는 데 있다. 신기하게도 안정제가 불안과 긴장을 싹 날려주기 때문에 환자는 점점 더 자주 약을 먹게 된다. 약만 먹으면 세상이 무너져도 마음이 편안하니까 말이다. 그렇게 점점 늘어난 복용량은(하루 50~80알까지 먹는 이들도 있다) 결국 약 없는 삶을 상상할 수 없는 지경에 이르고 만다.

처음에는 이렇게 생각했다. "약 한번 먹어보지 뭐. 도움이 될지도 모르잖아." 그러다가 이렇게 생각한다. "약이 정말 잘 듣는걸. 먹기만 하면 마음이 편안해져." 결국 "약이 없으면 못 산다"는 확신에 사로잡힌다. 약을 안 먹고도 불안한 상황을 이겨낼 수 있는 능력이 자꾸만 줄어든다. 신체적 중독 증상도 보이기 시작한다. 몸이 약에 길들여져 약을 먹지 않으면 금단현상이 나타난다. 약을 먹기 시작한 후 4~6주쯤 지나면 약의 효과는 최대치에 도달한다. 하지만 그 이후로는 복용량을 늘려도 불안이 가시지 않는다.

이 사실만 보아도 안정제를 처방받지 말아야 할 이유는 충분하다. 안정제는 능률 향상 효과를 떨어뜨리고 집중력 장애를 일으킨다. 환자들은 자신의 상태를 마치 유리병 속에 갇힌 것 같다고 표현한다. 어떤 감정도 들어오지도 나가지도 못하기 때문이다. 이제는 약을 먹지 않으면 초조, 불안, 불면 같은 금단 현상이 일어난다. 그래서 규칙적으로 병원에 들러 약을 탄다. 의사가 처방을 거부할 경우 다른 병원으로 달려간다.

　대부분의 환자는 자기가 정상이 아니며 중독 상태라는 사실을 알고 있다. 하지만 약을 끊으면 심각한 신체 증상에 시달리게 되므로 결국 다시 약을 먹지 않을 수 없다. 물론 무슨 일이 있어도 안정제를 먹어서는 안 된다는 말이 아니다. 안정제 복용을 결사반대한다는 말도 아니다. 하지만 너무 쉬운 처방과 복용은 반대한다. 안정제는 남편이나 부인이 세상을 떠났거나, 큰 수술을 앞두었거나, 심근경색을 겪은 직후 같은 위기상황을 견디기 위해 단기간 사용하는 것은 바람직하지만 심리적인 게 원인인 불안을 해소하고 치료하는 데는 적합하지 않다.

　약은 갈등과 문제를 해결하지도, 불안의 원인인 생각을 바꾸지도 못한다. 안정제 덕분에 기피하던 상황으로 들어갈 수는 있겠지만 불안을 조장하는 생각은 그대로이기 때문이다. 안정제는 부정적인 감정을 느끼지 못하게 하여 현실에는 없는 낙원이 존재하는 양 유혹하지만 시간이 갈수록 불안을 느낄지도 모른다는 불안만 더 심해질 뿐이다.

안정제는 다음과 같은 위험이 있다.

- 3~6주만 복용해도 중독될 위험이 있다.
- 1년 정도 약을 복용할 경우 해독이 필요하고 그 과정에서 불면, 초조, 불안, 오한, 악몽, 빈맥 등 심각한 신체 증상이 나타난다.
- 자제력과 자기 조절 능력이 떨어지고 성격이 변한다.
- 교통사고 위험이 4~5배 증가한다. 약의 효과는 2~4일은 지나야 반감되기 때문에 복용 후 24시간 후에 술을 마실 경우 숙취가 훨씬 빨리 찾아온다.
- 술이나 다른 약과 함께 복용할 경우 사망률이 2~5배 증가한다.
- 복용하고 몇 주 후 우울증이 올 수 있다.

이미 안정제를 복용 중이라면 어떻게 해야 할까? 먼저 자신의 상태를 살펴볼 필요가 있다. 자신이 어느 정도 중독되어 있는지 체크해보자.

- 매일 약을 먹는가? 그렇다면 몇 알을 먹는가?
- 지난 3개월 동안 며칠이나 약을 먹었는가?
- 혹시 몰라 안정제 몇 알을 가지고 다니는가?
- 약을 처방받지 못한다고 생각하면 공황 상태에 빠지는가?
- 의사가 약을 처방해주지 않아서 다른 병원을 찾아간 경험이 있는가?

이 중 몇 가지 질문에 "예"라고 답했다면 신경과를 찾아가 볼 필요가 있다. 중독이라고 해서 절대 창피하게 생각하거나 죄책감을 느낄 필요는 없다. 당신이 지금 중독에서 벗어나기 위해 노력하고 있다는 사실이 중요하다. 혼자서는 절대 해결할 수 없다. 신경과에 가서 의사에게 언제부터 얼마나 약을 복용하였는지 솔직하게 말해야 한다. 그럼 의사가 진단하고 함께 노력해서 약을 끊을 수 있는지 아니면 전문적으로 중독 치료를 받아야 하는지 알려줄 것이다.

중독이라니! 전문 치료라니! 생각만 해도 무서워서 피하고 싶을 것이다. 하지만 절대 피해서는 안 된다. 중독은 혼자서는 해결할 수 없는 상태다. 하루가 시급하다. 어서 결정을 내리고 병원을 찾아야 한다.

당신이 약을 복용한 것은 의사가 처방해주었고 약이 불안한 증세에 도움이 되었기 때문이고 이렇게까지 중독될 줄 몰랐고 다른 방도가 없다고 생각했기 때문이다. 이제 당신은 불안이 어떻게 생기는지 알았고 불안을 극복할 다른 방법이 있다는 것도 알았다. 그러니 새롭게 얻은 지식에 눈을 감지 말아야 한다. 당신에게는 약 없이도 많은 갈등과 문제를 해결하거나, 적어도 문제가 있는 상황에서도 편안하게 살 수 있는 능력이 있다. 자신이 가진 진짜 '안정제'를 지금껏 사용하지 않았을 뿐이다. 중독에서 벗어나는 길은 고단할지 모르지만 충분히 그럴만한 가치가 있는 일이다.

약이 심리치료에 도움이 될까?

결론부터 말하자면 부작용이 없는 약은 없다. 자신에게 맞는 약과 복용량을 찾으려면 먼저 이 약 저 약 먹어보고 효과를 살펴봐야 한다. 또 약을 끊으면 증상이 다시 나타나거나 금단현상이 올 수 있다. 불안이 계속될 때는 심리치료사의 도움을 받는 것이 최선이다. 불안이 너무 오래 지속되거나 너무 심해서 도저히 일상생활이 불가능할 경우 심리치료나 불안 극복 노력 초기에 특정 약품을 사용할 수는 있다. 하지만 어떤 경우라도 의약품 처방은 정신과에서만 가능하다. 또 반드시 심리치료를 병행해야 한다.

다음은 특정 불안장애의 경우 효과가 입증된 약이다.

- 항우울제: 토프라닐이나 아미트립틸린 같은 삼환계 항우울제
- 선택적 세로토닌 재흡수 억제제: 플루옥세틴
- 모노아민 산화 효소 억제제: 트라닐시프로민

항우울제는 안정제와 달리 효과가 나타나려면 최고 3주까

지 시간이 걸린다. 또 처음에는 입이 마르고, 어지러우며, 멍하고, 머리가 아프고, 땀이 나는 등 부작용이 나타난다. 그러나 벤조디아제핀계 안정제와 달리 중독성은 없다. 모노아민 산화효소 억제제의 경우 식이요법을 엄격히 지켜야 한다. 베타차단제 역시 불안 해소에 효과가 있다.

어떤 약을 얼마나 먹을지는 개인에 따라 다르므로 반드시 의사와 상의해서 복용해야 한다.

상상의 힘

지금까지는 상상에 대해 지적만 했지만 여기서는 상상의 효과에 대해 확실하게 짚고 넘어가고자 한다. 우리가 상상하는 내면의 이미지가 불안의 탄생과 유지에 지대한 역할을 하기 때문이다.

상상 1 **생각뿐 아니라 상상 속 이미지를 통해서도 감정조절이 가능하다.** 좋아하는 음식을 상상하기만 해도 침이 고이고 배가 꼬르륵거린다. 아이가 집에 돌아오지 않았는데 앰뷸런스 소리가 들리면 혹시 아이가 사고를 당했을지도 모른다는 생각이 들어 마음이 초조해진다. 며칠 전에 진짜로 화나는 일이 있었는데 지금 그 순간을 되돌아보니 다시 열불이 난다. 이 모든 것은 우리의 뇌가 상상과 실제 사건을 똑같이 취급하기 때문이다.

상상 2 **생뇌는 상상과 실제 경험을 구분하지 못한다.**

뇌는 상상과 실제 경험을 똑같은 신호로 신체에 전달하기 때문에 우리 몸은 상상만으로도 실제 일어난 것처럼 반응한다. 똑같은 감정을 느끼고 똑같은 신체 반응을 일으키는 것이다. 따라서 상상도 생각과 마찬가지로 적군이 될 수 있다. 현실에 맞지 않은 상상이라면 말이다. 상상은 과거 실제로 일어났던 사건을 다시 떠올리거나 아직 일어나지 않은 미래의 사건을 머릿속으로 그려보는 것이다. 구체적으로 이미지를 그리는 능력은 사람에 따라 차이가 나지만 사람에게는 상상할 수 있는 능력이 있다.

상상과 현실을 구분하지 못하는 뇌의 작동방식은 특히 불안과 관련하여 치명적 결과를 초래할 수 있다. 예를 들어 W 씨는 과로로 인해 수영장에서 수영하다가 잠깐 의식을 잃은 적이 있다. 그 이후 그는 그 상황을 반복적으로 떠올렸고, 그럴 때마다 당시 느꼈던 신체 증상과 불안이 생생하게 되살아났다. 단 한 번의 경험을 매일의 경험으로 만든 것이다. 다시 말해 공포스러웠던 경험을 매일 훈련을 통해 반복함으로써 신체가 반응하도록 만든 것이다. 또 가까운 사람을 암으로 잃은 후 계속해서 자신이 암에 걸렸다는 상상을 하는 사람도 있다. 아무리 사소한 몸의 변화도 그냥 지나치지 못하고 암일 것이라고 상상하는 것이다.

상상 3) 재앙이 일어나는 걸 상상하면 우리 몸은 이미 재앙이 일어난 것처럼 반응한다.

상상을 잘하는 상상 전문가들은 나쁜 경험담을 듣기만 해도 자기가 그 일을 당한 것처럼 상상하고 상대방과 똑같은 감정을 느낀다.

상상 4) 상상은 생각과 똑같은 신체 반응과 감정을 일으킨다.

상상은 생각보다 훨씬 더 빠르게 신체 반응을 일으킨다. 이유는 우리 뇌가 좌우로 나뉘어져 있기 때문이다. 우리 뇌는 우뇌와 좌뇌로 이루어져 있는데, 좌뇌는 사고와 논리, 언어, 상징을 담당하고 우뇌는 공간지각, 상상, 습관을 담당한다. 그런데 이 우뇌는 '부정'을 알아듣지 못하는 특징이 있다. 그래서 "지금 이 순간 나는 불안하게 만드는 책을 읽지 않는다"라고 생각하면 우리 머릿속엔 자동적으로 불안하게 하는 책을 읽고 있는 자신을 떠올린다. 또 우뇌는 '바람'과 '만약'을 처리하지 못한다. 그래서 "쓰러지지 않았으면 좋겠다"라고 생각하면 이미 쓰러져 있는 자신을 보고 있고, 그 이미지가 감정과 신체 반응을 불러일으키는 것이다.

이는 중독과 관련해 특히 중요한 작용을 한다. 고도 비만인 사람이 의지를 불태우며 "초콜릿을 먹으면 안 돼"라고 결심한다. 하지만 이미 그의 머릿속에선 좋아하는 초콜릿이 떠오르고, 그 이미지는 초콜릿을 먹고 싶은 욕망을 일깨운다. 따라서 초콜릿을 먹으면 안 된다고 반복할수록 욕망은 점점 더 커진다. 결국 그는 이런 결론을 내리고 마는 것이다. "의지가 있어도 몸이 말을 안 듣는구나."

자기충족적 예언도 이와 비슷하다. "얼굴이 빨개지고 말을 더듬을 거야." 이런 생각과 상상은 몸을 더 긴장시키고 결국 그는 거의 자동적으로 얼굴이 빨개지고 말을 더듬고 마는 것이다.

상상 5 불안을 불러오는 상상의 힘은 거꾸로 긍정적으로 활용할 수 있다.

긍정적으로 문제를 해결하는 상상을 계속하면 된다. 이 기술에 대해서는 Part 2에서 더 상세히 알아볼 것이다.

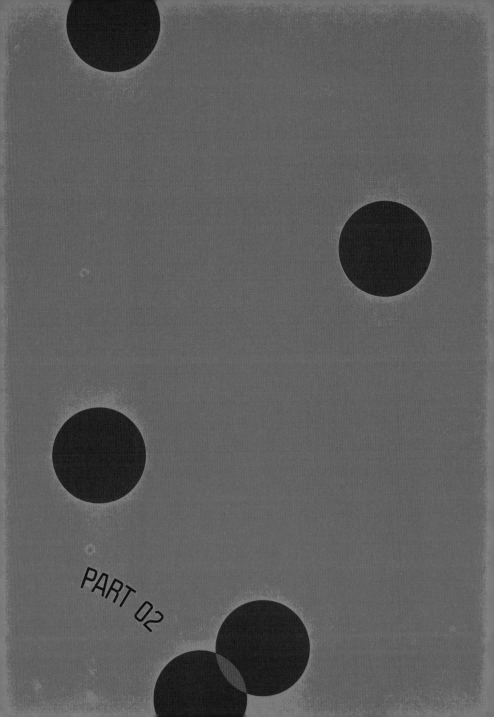

PART 02

불안을
어떻게 극복 할까

CHAPTER ⑥ 불안을 극복하는 8단계

이제 불안이 어떻게 생겨나는지 잘 알게 됐을 것이다. 그렇다면 어떻게 해야 그 불안을 해소할 수 있을지 고민해야 할 시점이다. 어느 날 자고 일어났더니 불안이 싹 가시기를 기대해서는 안 된다. 우리의 생각과 상상이 불안의 원인이기 때문에 생각과 상상을 바꾸지 않으면 불안도 바뀌지 않는다. 이는 나쁜 일을 겪고도 다시 위험에 노출되는 사태를 막기 위한 우리 몸의 메커니즘이다. 그런데 이 메커니즘이 오히려 해가 될 때가 있다. 부정적이지 않은 상황인데도 우리가 부정적이라고 생각하거나 상상하는 경우 혹은 나쁜 사건을 경험한 후 그것이 반복될 것이라 걱정하는 경우다.

이제 불안 해소를 위한 몇 가지 일반적인 방법을 소개할 것이다. 우리의 목표는 '더 이상 불안을 느끼지 않는 것'이 아니다. 불안을 의식적으로 경험하고 그것이 정당한지 점검하며 그에 맞게 행동하고자 하는 것이다. 특정 상황에서 당신이 어떻게 반응하며, 그 반응이 당신의 감정과 신체에 어떤 영향을 미치는지 아는 것이 중요하기 때문이다. 따라서 두 가지 부분을 살펴보겠다.

불안의 원인은 당신의 판단과 상상에 의한 것이다. 따라서 우리는 위험에 대한 지나친 평가, 백 퍼센트 안전하다고 할 수 없는 우려, 자기 능력의 과소평가를 바꿀 것이다. 그러기 위해서 우리는 새로운 방식으로 불안에 접근할 것이다. 그리고 긴장 완화와 호흡법, 자신과의 대화를 통해 신체 반응과 불안을 줄일 것이다.

앞으로 설명할 모든 방법이 모든 사람에게 효과가 있는 것은 아니다. 따라서 직접 시험해보고 효과가 없거나 마음에 들지 않으면 다른 방법으로 대체해야 한다. 먼저 우리는 생각과 행동에 초점을 맞출 것이며 신체 부분에 있어선 일단 긴장과 호흡에만 집중할 것이다. 시간이 지나면서 차차 불안과 신체 증상 역시 바뀔 것이다. 그런 다음 다양한 종류의 불안에 대해 더 자세히 소개하겠다

불안할 때 나타나는 3가지 기본 반응

우선 당신이 힘든 상황에서 3가지 기본 반응(싸움, 도망, 쇼크) 중 어떤 것을 선택하는지 점검해볼 필요가 있다. 따라서 각 반응 유형의 기본적인 생각, 감정, 신체 반응을 설명하도록 하겠다. 이 중에서 당신이 가장 많이 사용하는 반응 방식을 고르면

된다. 상황이 바뀌면 반응도 달라질 수 있다.

싸움 유형

<u>생각</u>

인생은 투쟁이다. 항상 조심해야 한다. 다른 사람들은 모두 적이다. 그들이 내게 선의를 품을 리 없다. 세상은 불공평하다. 나는 최고가 되어야 한다. 그들에게 최고가 된 내 모습을 보여 줘 앙갚음하고 싶다. 어떻게 하든 능력을 갖춰야 한다. 그들이 나를 깔아뭉개려고 한다. 절대 실수하면 안 된다. 절대 물러서 지 않을 것이다.

<u>감정</u>

분노, 화, 예민, 공격

<u>행동</u>

남들에게 소리 지르고 욕을 한다. 한시도 가만히 있지 않 으려고 한다. 때리고 싸우고 항의하고 비꼬고 깔아뭉개며 다 른 사람들의 말을 귀 기울여 듣지 않는다. 자신의 권리만 주장 하고 남들을 통제하고 방어하고 남과 경쟁하며 자기감정을 억

누른다. 과도하게 활동적이며 술이나 담배를 하거나 과도하게 순응한다.

신체 반응

병약, 식욕부진, 위산 분비량 감소로 인한 위장 장애, 변비, 두통, 등의 통증, 혈압 상승, 맥박 상승, 고지혈, 혈전 증가

도망 유형

생각

나는 이 상황을 견딜 수 없을 것이다. 나는 무능하다. 인생은 무의미하다. 나는 남들보다 못나고 한심하다. 나는 저항할 수 없을 것이다. 인생을 처음부터 다시 살 수 있다면 얼마나 좋을까? 살고 싶지 않다. 난 못 해낼 것이다.

감정

불안, 초조, 불쾌, 불만, 신경질, 예민, 우울

행동

상황을 외면하고, 도피하며, 사람을 피하고, 약속 시간에

늦고, 약속을 잘 지키지 않으며, 의무를 기피하고, 연락을 피한
다. 순응하고, 마약이나 술로 마음을 달래며, 강박적인 행동으
로 도망치고 싶은 욕구를 억누른다. 죄책감을 달래기 위해 지
나치게 희생적인 태도를 보이며 과한 책임감을 보인다.

신체 반응

맥박 상승, 혈압, 혈당, 혈전 증가, 병약, 긴장성 두통과 등
통증, 위산 분비 저하로 인한 위장장애, 식욕부진, 변비

도망 유형의 생각과 감정은 많은 부분 쇼크 유형과 비슷하
기 때문에 정확하게 구분하기 힘들 때가 많다. 도망 유형은 회
피하려고 하고 쇼크 유형은 아무 저항 없이 상황을 받아들인다.

쇼크 유형

생각

새로운 건 다 위험해. 뭐든 다 잘했으면 좋겠다. 난 무기력
해. 세상은 너무나 위험한 곳이야. 난 정상이 아냐. 할 줄 아는
것도 없고 무가치한 인간이야. 못생기고 뚱뚱하고 매력도 없
지. 손만 대면 실수를 해. 다들 나를 욕할 거야. 실패하고 거절
당하는 건 생각만 해도 너무 무서워. 누가 공격하면 막아내지

못할 거야. 갈등이 생기면 풀 수 없을 거야. 혼자서는 아무것도 할 수 없어. 인생이 무의미해. 내가 어떤 인간인지 사람들이 알면 어쩌지.

감정
불안, 초조, 공황, 우울, 체념, 절망, 의욕 부진

행동
무기력하고, 잘 울고, 생각 없이 행동하며, 혼자 있으려고 하지 않는다. 만날 여기가 아프다 저기가 아프다 하소연하고 불안을 과장한다. 새로운 일이나 모험을 기피하고, 딴짓을 하고, 마약이나 술을 하고, 갈등이 생기면 서둘러 백기를 들고, 자기 욕망을 숨긴다.

신체 반응
집중력 장애, 사고력 저하, 과도한 저혈압, 혈당 저하, 호흡 곤란, 홍조, 눈물, 위산 과다, 위경련, 변비, 장내 가스 과다, 한랭, 과민

직장에서 가장 많이 나타나는 반응 ··

가정에서 가장 많이 나타나는 반응 ··

이 반응들에 유념해야 한다. 이것들이 변화의 출발점이 될 것이다.

자, 그럼 이제 다음 단계로 넘어가서 구체적으로 당신의 불안을 살펴보기로 하자.

불안을 극복하기 위한 8단계

1단계 **불안 목록을 작성해보자.**

준비했던 노트를 꺼내자. 그 노트에 당신을 불안하게 하는 것이 있다면 모두 다 적어보자. 아마 대부분의 사람들이 다양한 종류의 불안을 적을 것이다. 그러니 설사 당신이 불안한 것이 더 많다 해도 심각한 장애의 증거라고 생각할 필요는 없다. 그 불안들을 당신의 삶에서 차지하는 비중에 따라 분류해보자.

당신을 가장 괴롭히는 불안은 무엇인가?

2단계 감정의 ABC에 맞추어 분석해보자.

불안을 전부 다 감정의 ABC로 정리해보자. 당신이 지금처럼 생각한다면 불안을 느낄 수밖에 없다는 사실을 당신 스스로가 확신할 수 있어야 한다. 앞서 배운 감정의 ABC 방식대로 대답해보자.

일단 자신을 관찰하되 지금처럼 감정이나 신체 반응이 아니라 생각과 상상의 이미지에 주목해야 한다. 겁나는 상황 속으로 의도적으로 걸어 들어가서 자기 생각을 주의 깊게 살펴야 한다. 혹은 상상으로 그 상황을 그려보고 자기 생각에 유념해야 한다.

아래의 질문에 대답해보자.

A 상황 나는 무엇이 무서운가? 어떤 상황, 어떤 것이 무서운지 최대한 정확하게 묘사해보자. 동물이라면 크기와 색깔까지, 물건이라면 크기나 장소까지, 사람이라면 숫자와 그들과의 관계가 어떤지 자세히 적는다. 그 상황을 생각하거나 상상만 해도 공포가 느껴지는가?

B 평가: 나는 그 상황 혹은 그것을 어떻게 평가하는가? 나는 그 상황에
대해 어떤 생각을 하는가? 두려움과 재앙의 시나리오를 하나도 빼놓
지 않고 적는다.

C 감정, 신체 반응, 행동: 그럴 때 나는 어떤 기분이며 나의 몸은 어떻게
반응하는가? 나는 어떤 행동을 취하는가? 싸움, 도망, 쇼크 중 어떤
반응을 보이는가?

이제 불안 목록 중에서 당신을 가장 힘들게 하는 것이 무
엇인지 골라보자. 그 불안에 대해 다시 감정의 ABC를 작성하
고 아래 전략들을 사용해보자.

3단계 생각을 바꿔라. (생각 바꾸기 과정 1단계)

당신의 평가를 점검해보고 대안이 될 만한 유익한 평가가
없는지 찾아보자. 부정적 평가는 불안 같은 부정적 감정을 일
으킨다. 세상만사를 무조건 긍정적으로 보라는 말이 아니라
우리의 평가를 최대한 사실에 맞추어 점검하자는 말이다. 그
러니까 과학적으로 접근하여 우리의 평가를 증거로 입증하면
되는 것이다. 입증할 수 없다면 수정하는 것이 바람직하다. 그
러기 위해 앞서 배웠던 질문들을 활용해보자. 아래 질문에 대

한 대답을 종이에 적어보자.

Q | 당신이 위험하다고 생각하는 일이 실제로 일어날 것인가?
당신이 위험하다고 생각하는 일이 실제로 생명을 위협하는가?
그렇다면 그 증거는 무엇인가?

★ 조심! 당신의 감정이 위험에 대한 증거는 아니다. 생각을 하고 그다음에 감정을 느끼는 것이다. 감정은 사고의 결과이기 때문이다. 당신의 사고를 입증하는 증거에 불과하다.

Q | 당신이 위험하다고 판단한 상황이 실제로 불쾌할 수 있다면,
그 일이 일어날 가능성은 어느 정도인가?

Q | 위험하다고 생각하는 사건을 막을 방법이 있는가?

Q | 당신이 위험하다고 판단한 상황이 실제로 불쾌할 수 있다면,
그 일이 일어날 가능성은 어느 정도인가?

　불안으로 인해 상상을 멈추는 그 지점에서 생각을 이어나가야 한다. 우리는 습관적으로 불쾌한 상황을 피하려고 한다. 하지만 부정적 감정을 고민하거나 분석하지 않으면 그 감정을 극복할 수 없다. 최악의 결과를 생각하고 그 결과에 대처할 방법이 무엇인지 고민하라. 걱정하지 마라. 생각을 한다고 해서 자동적으로 최악의 사태가 일어나지는 않을 테니 말이다. 생각을 하면 불안이 심해질 수는 있겠지만 곧 다시 가라앉을 것

이다. 지금 이 질문의 답을 고민하는 동안 불안이 솟구친다면 그 사실을 인식하고 편안하게 호흡하면서 최악의 사태를 해결 할 방법을 찾아보자. 분명 해결방안이 있을 것이다.

생각을 멈추지 말고 이어가야 한다. 그럼 오랜 노력의 보상으로 최악의 결과에도 해결방안이 있다는 사실을 깨닫게 될 것이고 안도하게 될 것이다. 다른 사람들과의 비교도 도움이 될 수 있다. 다른 사람들은 힘든 상황에서 어떻게 대처하는지 물어보라.

Q | 다른 사람도 당신이 위험하다고 생각하는 상황에서 불안을 느끼거나 그 상황을 기피하는가?

다른 사람들에게 힘든 상황일 때 어떻게 대처하는지 물어보라.

Q | 위험하다고 생각되는 상황을 피한다면 무엇을 잃을 거 같은가? 직장에서, 인간관계에서, 자존감과 관련해 어떤 손실이 있는가? 반대로 위험을 무릅쓰고 그 상황을 받아들인다면 어떤 이득이 있는가?

당신과 가족의 손익계산서를 작성해보자.

생각의 교체 질문 활용 사례

B 씨는 감정의 ABC를 아래와 같이 적었다.

(A 상황) **콘서트 티켓을 선물 받았다.**

B 평가: 콘서트에 가면 분명 상태가 안 좋아져 쓰러질 것이다.

콘서트가 끝날 때까지 견디지 못할 것이다.

C 감정, 신체 반응, 행동: 불안하고 어지럽다. 콘서트에 안 간다.

Q1 | 🤔 정말로 콘서트에 가면 상태가 안 좋아져서 쓰러질까?
아니. 모를 일이다. 지금까지 한 번도 콘서트장에서 쓰러
진 적이 없다. 설사 상태가 안 좋아진다고 해도 좀 참으면
될 것이다.

Q2 | 🤔 지금까지 콘서트를 50번 갔는데 상태가 안 좋았던 건
딱 한 번뿐이었다. 쓰러질 수는 있겠지만 그럴 가능성은
별로 없다.

Q3 | 🤔 위험을 백 퍼센트 막을 방법은 콘서트에 가지 않는 것
뿐이다. 가기로 마음먹는다면 그 전에 밥을 잘 챙겨 먹고
컨디션 유지를 위해 노력하면 될 것이다.

Q4 | 🤔 정말 상태가 안 좋아지면 잠시 밖으로 나와 공기를 쐬
거나 심호흡을 하면 된다. 그 정도로 세상이 끝나는 건 아
니다. 기분이 좋지는 않겠지만 그 정도는 참을 수 있다. 생
명이 위태로운 것은 아니니까 말이다. 최악의 사태가 일어

나서 들것에 실려 나간다고 해도 무슨 문제가 되겠는가. 사람들도 이해해줄 것이다.

Q5 | 🅐 대부분의 사람들이 콘서트 관람을 좋아하지 불안해하지 않는다. 예전에는 나도 그랬다.

Q6 | 🅐 콘서트에 가지 않으면 불안을 느끼진 않겠지만 나의 불안이 진짜인지 아닌지 영원히 알지 못할 것이다. 더구나 나는 음악을 좋아한다. 평생 음악을 포기하고 사느니 차라리 위험을 감수하고서라도 콘서트에 가겠다.

　

불안에 떨고 있는 사람에게 자기 생각을 점검하라는 충고가 너무 이론적인가? 지금 당신은 그렇게 생각할지도 모르겠다. 더구나 여기서 말하는 이론은 당신의 생각과 정반대다. 그럼에도 새로운 시각으로 자신을 바라보려 노력해보자. 당신이 당장 이 새로운 시각에 맞춰 그에 맞는 감정을 느낄 것이라고 기대하지는 않는다.

앞서 설명한 생각 바꾸기 과정이 기억나는가? 우리는 이제 겨우 1단계에 도달했다. 이 판단이 옳다는 느낌은 4단계는 가야 가능하다. 오랫동안 그런 상황을 견딜 수 없다고 자신을 설득해왔고, 그래서 계속 기피하며 살았기에 당신은 아직 이 판단을 믿을 수 없을 것이다.

4단계 **긍정적인 이미지를 상상하라. (생각 바꾸기 과정 2단계)**

상상연습을 해보자. 먼저 점진적 근이완법이나 자발적 긴장해소법으로 긴장을 풀어보자. 이 긴장 완화 방법에 대해서는 다음 장에서 자세하게 설명할 것이다. 그다음 앞서 당신이 작성한 감정의 ABC를 눈여겨 살펴보고 당신의 새로운 상황 평가를 다시 한번 머리에 새긴다. 그리고 두려워하는 상황에 처한 자신의 모습, 새로운 평가를 떠올리며 편안해하는 자신의 모습을 최대한 생생하게 그려본다.

다시 한번 상상연습 순서를 정리해보자.

❶ 긴장해소법으로 상상연습을 시작하기 전에 긴장을 푼다.

❷ 상황과 새로운 생각, 원하는 감정과 행동을 상상한다.

Ⓐ 나는 …에 있다. 【상황】

Ⓑ 나는 …라고 생각한다. 【새로운 생각】

Ⓒ 나는 …게 느끼고 행동한다. 【원하는 감정과 행동】

상상연습 활용 사례

나는 콘서트장에 앉아 있다. 그런 내 모습을 보며 생각한다.

'위험하지 않아. 지금까지 상태가 안 좋아진 건 딱 한 번뿐이었어. 또 설사 그런 일이 일어난다고 해도 밖으로 나가 공기를 쐬거나 숨을 깊게 들이쉬면 괜찮아질 거야. 정말로 안 좋아져서 기절한다고 한들 뭐 어때? 사람들도 이해할 거야. 좋아하는 음악을 평생 안 듣고 살 수는 없잖아.'

나는 느긋한 마음으로 음악을 듣는다.

상상연습의 목적은 지금껏 재앙이라 상상했던 상황을 올바른 생각, 감정, 신체 반응, 행동 방식과 결합시킨다. 특정 상황에서 자신이 바라는 생각, 감정, 행동을 연습하는 것이다. 당신은 새로운 자신의 모습을 그려본다. 당신은 더 이상 불안에 떠는 겁쟁이가 아니라 확신과 평정심을 갖춘 사람이다. 예전에 당신이 그랬듯.

불안을 느끼는 각 상황마다 30일 동안 하루 3회 10분씩 상상연습을 한다. 동시에 두 가지 이상의 상황을 연습하는 건 권하지 않는다. 30일 동안 한 가지 상황만 가지고 상상연습을 하고 모두 마친 후 그다음 상황으로 넘어가자. 잊지 마라. 연습 횟수가 많을수록 결과도 좋다는 것을!

상상연습을 하기 좋은 시간

- 아침에 눈을 떠서 일어나기 전

- 점심시간

- 잠자기 전

- 대기시간(신호등을 기다리며, 정체된 길 위에서, 마트 계산대에서 기다리며)

- 멍하니 손을 움직일 때(다림질, 설거지, 샤워할 때)

5단계 **적극적으로 모험에 뛰어들어라. (생각 바꾸기 과정 3단계)**

새롭게 얻은 판단에 맞게 행동하자. 불안을 극복하고 싶다면 머릿속 이론적 변화와 상상연습만으로는 충분하지 않다. 행동도 새로운 판단에 맞추어 바꾸어야 한다. 그러지 않는다면 불안은 사라지지 않는다. "비행기를 무서워할 필요 없어. 자동차가 더 위험해"라는 말은 비행기를 타지 않는 한 불안이 생존할 권리를 주는 것이다.

부정적 평가가 실제 상황에 맞지 않다는 사실을 그 상황에 직접 뛰어들어 경험해야 한다. 의도적으로 불안에 몸을 던져 우리가 착각했다는 것을, 위험하다고 믿었던 상황이 전혀 위험하지 않다는 것을 경험함으로써 깨달아야 한다. 엘리베이터가 무서우면 엘리베이터를 타야 한다. 혼자 있는 것이 무서우

면 혼자 있어 봐야 한다. 이미 불안을 이겨낸 사람처럼 그 상
황으로 들어가서 행동해야 한다. 그래야 불안이 사라진다. 비
록 아직 불안하지만 그 일을 해내야만 불안이 줄어든다.

6단계 이미 불안을 극복한 것처럼 행동하라. (생각 바꾸기 과정 4단계)

아직 불안하지만 불안을 느끼지 않는 사람처럼 행동해야
한다. 용기가 꼭 불안해하지 않는다는 뜻은 아니다. 불안해도
두려워하는 일을 할 수 있는 능력이야말로 진정한 용기다.

가장 두려워하는 상황인 경우 곧바로 그 상황으로 들어가
지 말고 조금씩 단계를 나누어 천천히 접근하는 것이 좋다. 가
장 덜 두려운 상황부터 시작해 차근차근 단계를 밟아나가다가
마지막에 가장 두려운 상황에 도전하는 것이다. 이때 중요한
것은 불안이 확실하게 줄어들었을 경우에만 다음 단계로 넘어
가야 한다. 새가 무섭다면 먼저 새 사진을 보는 걸 연습하고,
그다음에는 플라스틱 새 모형을, 그리고 박제를 마주했을 때
도 불안하지 않다면 마지막으로 진짜 살아 있는 새에게 접근
하는 것이다. 각 단계마다 불안한 마음이 없어질 때까지 기다
린다. 그래야 각 단계별로 자신의 상황 판단이 옳은지 아닌지
점검할 수 있다.

7단계 **불안한 상황일수록 더 마음을 열어라.**

이제 당신은 불쾌한 상황을 지금보다 더 잘 견딜 수 있고, 나아가 그 상황에 익숙해질 수도 있다. 불안한 상태도 예외가 아니다. 특정 자극에 계속해서 혹은 중단하지 않고 장시간 동안 노출될 경우 차츰 그 자극에 약하게 반응하다가 마침내 익숙해진다. 예를 들어 도로 연수를 많이 받으면 실제 도로에서 운전할 때 불안한 마음이 훨씬 덜한 것처럼 말이다. 습관과 경험은 불안반응을 줄이고 행동의 선택지를 늘린다. 심지어 누가 봐도 위험한 상황일 때조차도 훨씬 편안한 마음으로 대처할 수 있다. 물론 사람에 따라 적응 속도는 다르겠지만 시간이 지나면 누구나 익숙해진다.

불안이 찾아올까 봐 불안한 마음은 "난 참을 수 없어"라는 생각에서 탄생한다. 따라서 불안을 극복하기 위한 첫걸음은 "죽지 않을 만큼이면 참을 수 있어. 생명이 위태로운 게 아냐. 조금씩 시간을 늘리며 불안을 참다 보면 대처법이 떠오를 거야"라는 생각이다. 불안한 상황을 견디는 시간을 재 시간을 조금씩 늘려보자. 도망치고 싶은 마음을 참고 견디다 보면 상황을 통제할 수 있을 것 같은 기분이 들 것이다. 또 잠시 불쾌한 상황을 참으면 노력에 비해 큰 결실을 볼 수 있다는 사실을 경험을 통해 알게 될 것이다.

대면 치료법은 또 하나의 불안 극복 방법이다. 가장 심하게 불안을 일으키는 상황과 의도적으로 맞닥뜨려 불안이 완전히 백기를 들 때까지 그 상황을 견디는 것이다. 하지만 이 방법은 반드시 심리 치료사의 도움이 필요하다. 혼자서 하다가 못 견디고 너무 일찍 중단해버리면 오히려 불안이 더 커져 위험한 상황에 이를 수 있기 때문이다. 이 치료법은 모든 감정적 흥분이 최고조에 이르렀을 때 참고 견디면 잠시 후 절로 사라진다는 원리에서 나온 치료법이다. 불안을 강렬하게 느낌으로서 자신이 불안을 견딜 수 있다는 사실을 경험을 통해 체득하는 것이다.

8단계 **한 단계 한 단계 모두 노트에 기록하라.**

대부분의 내담자가 초기에는 상태가 호전됐다고 느끼지 못한다. 불안이 완전히 사라져야 호전됐음을 깨닫고 인정하기 때문이다. 따라서 아무리 사소한 것이라도 발전됐다고 느꼈을 경우 반드시 노트에 기록하는 습관을 들여야 한다. 이 책을 읽었다고 해서 갑자기 불안이 싹 사라질 것이라는 기대는 하지 마라. 연습 한번 해봤다고 불안이 없어질 것이라고 기대해서도 안 된다. 연습하자마자 몸이 편안해지리라는 기대 역시 너무 성급하다. 현실적인 기대는 불안이 여전히 부정적인 목소리로 말을 걸 테지만 당신이 예전과 다르게 반응할 것이라는 정도다.

이제 당신은 불안에 새로운 생각을 들이밀어야 한다. 이렇게 말이다. "네가 그렇게 말할 줄 알았어. 하지만 잘못 집었어. 난 널 잘 알아. 넌 이 상황이 위험하다고 말하고 싶겠지. 나도 예전에는 그렇다고 생각했어. 하지만 지금은 아냐. 난 지금 이 상황에서도 잘 버틸 수 있어. 아직은 불안하지만 그래도 자꾸 연습하다 보면 분명 달라질 거야." 불안과 새로운 판단의 이런 대결은 아마 몇 분에 한 번꼴로 되풀이될 것이다. 불안하다고 생각되는 상황을 준비할 때부터 불안이 목소리를 낼지도 모른다. 그럴 땐 그 목소리를 들어주되 시키는 대로 따라 해서는 안 된다. 불안에 새로운 판단을 들이밀어라. "네가 그렇게 말할 줄 알았어. 하지만 네 말을 듣지 않을 거야. 물론 네 말대로 신체 증상이 나타나겠지. 하지만 그건 다 해묵은 판단의 결과일 뿐이야. 위험은 없어." 그러고는 하고 있던 준비를 계속하자. 몇 분 후 다시 불안이 속삭일 테지만 이번에도 똑같이 말해야 한다. 그렇게 수많은 회차의 대결이 반복될 것이다. 몸은 여전히 예전처럼 반응할 테지만 이제 당신의 대처법은 다를 것이다. 당신은 신체 증상을 인지하겠지만 예전과 달리 그것에 반응하지 않고 불안한 상태가 지나갈 때까지 내버려 둘 것이다.

당신이 어떤 상황에 있었고, 처음에 얼마만큼 불안했으며, 마지막에는 얼마나 불안했는지, 얼마나 오랫동안 그 상황에 있었는지를 전부 노트에 기록해야 한다. 기록이 차근차근 쌓이다 보면 얼마나 호전되었는지 눈으로 확인할 수 있다. 당신이 위험하다고 생각했던 상황에 처해 있는 동안 얼마나 불안이 줄어들었고, 시간이 가면서 그 상황에 머물러 있는 시간이 얼마나 길어졌으며, 연습 시간이 많아질수록 똑같은 상황이지만 초기보다 불안을 얼마나 덜 느끼게 됐는지 모두 기록하는 것이다. 불안의 강도를 측정하기 위해 0에서 100까지 불안의 온도계를 상상으로 설치해보자. 0은 불안이 전혀 없는 상태고 100은 불안이 최고조라는 뜻이다. 어떤 상황에서 불안의 온도가 어느 정도 상승하고 하락하는지 기록해보자.

불안 극복에 유용한 5가지 TIP

TIP 1 불안을 일으키는 생각과 신체 변화를 경고신호로 평가하지 말고
그저 가만히 관찰해보라.

좋아하는 음식을 상상하기만 해도 침이 고이고 배가 꼬르륵거린다. 아
이가 집에 돌아오지 않았는데 앰뷸런스 소리가 들리면 혹시 아이가 사
고를 당했을지도 모른다는 생각이 들어 마음이 초조해진다. 며칠 전에
진짜로 화나는 일이 있었는데 지금 그 순간을 되돌아보니 다시 열불이
난다. 이 모든 것은 우리의 뇌가 상상과 실제 사건을 똑같이 취급하기
때문이다.

TIP 2 연습 초기에는 불안한 상황을 함께 해줄 도우미를 찾아보자.

불안이 줄어들 때까지 당신이 참고 견딜 수 있게 그가 옆에서 격려하
고 칭찬하며 힘을 준다면 더 빨리 극복할 수 있을 것이다.

TIP 3 연습 전에는 커피, 차, 콜라처럼 각성제가 들어간 음료는
최대한 피해라.

커피는 한 잔만 마셔도 흥분할 수 있는데, 이것을 우리 몸이 불안한 것

으로 착각하기 쉽기 때문이다.

TIP 4 **셀프 헬프 그룹에 참석해 도움을 받도록 하라.**

같은 어려움을 겪는 사람들에게서 용기를 얻고 정보를 교환할 수 있을 것이다. 인터넷을 검색해보면 아마 다양한 셀프 헬프 그룹을 찾을 수 있을 것이다.

TIP 5 **심리치료를 받았지만 별 도움이 되지 않았다 하더라도 지레 포기하지 마라.**

그렇더라도 당신은 절대 가망 없는 케이스가 아니다. 심리치료 방법이 당신과 맞지 않았을 수도 있고, 시점이 적절하지 않았을 수도 있으며, 치료사와 궁합이 잘 안 맞았을 수도 있다. 다시 한번 용기를 내서 심리 치료사를 찾아보자. 불안이 일상을 심하게 제약할 땐 전문센터에 입원 해 치료해보는 것도 권한다.

불안에 대처하는 4가지 TIP

생각 바꾸기 1단계인 '생각의 교체'만으로는 아쉽게도 해묵은 부정적인 생각을 막을 수 없다. 그러나 불안한 생각의 원인에 대해서는 이미 점검을 마쳤기 때문에 계속해서 그것만 하고 있을 수는 없다. 따라서 불안에 대처하는 방법에 대해 몇 가지 더 소개하고자 한다.

TIP 1 **딴짓을 하라.**

부정적인 생각이 불안을 부추기거든 중립적인 생각으로 불안을 잊는 것이다. 딴짓을 하는 것도 한 가지 방법이다. 예를 들어 책을 읽거나, 전화 통화를 하거나, 주변을 관찰하거나, 요리하거나, 뜨개질을 하고, 퍼즐을 맞추고, 수학 문제를 풀고, 자동차 번호판의 숫자를 외우고, 지나가는 자동차 숫자를 세거나, 크게 노래를 부르는 것이다. 그 일에 온전히 정신을 집중해야 한다. 생각이 끈질기게 따라붙어 불안이 심해진다면 운동을 곁들이는 것도 좋다. 또 춤을 추거나, 자전거를 타거나, 빨리 달리거나, 윗몸일으키기를 하면서 숫자를 센다. 운동은 긴장 완화에 도움이 되기 때문이다. 처음에는 불안이 금방 다시 머리를 들 것이다. 그러나 꾸준히 연습하면 불안해지는 횟수가 점차 줄어들 것이다.

TIP 2 **부정적인 생각의 횟수를 세라.**

관찰자 입장이 되어서 부정적인 생각의 횟수를 세는 것이다. 종이에 바를정(正)자를 그리며 세거나 통에 동전이나 단추를 집어넣으며 세는 것도 좋은 방법이다. 언제 숫자를 세야 할지는 불안의 종류에 달렸다. 쓸데없는 고민이나 걱정이 많다면 하루 2시간 정도 정해놓고 그 시간 동안 떠오르는 부정적인 생각의 횟수를 센다. 특정 상황이 두렵다면 이 상황이 닥치기 전이나 그 상황에서 떠오르는 부정적인 생각의 숫자를 센다.

TIP 3 **"스톱"으로 생각을 중단시켜라**

부정적인 생각이 떠오르면 손뼉을 치거나 큰 소리로 혹은 마음속으로 "스톱"을 외쳐 생각을 멈춘다. 생각이 멈추면 "조용"이라고 속으로 말한 후 호흡법으로 근육을 이완시키고 중립적이거나 유쾌한 생각을 한다. 주변에 있는 물건들에 눈길을 돌려 하나씩 살피면 자동적으로 불안이 줄어든다.

이 방법은 두 가지 규칙을 지켜야 한다.

❶ 부정적인 생각이 떠오르는 즉시 "스톱"이라고 외친다.
❷ 부정적인 생각이 떠오를 때마다 "스톱"이라고 외친다.

몇 분 안 지나 다시 부정적인 생각이 떠오를 수도 있다. 그래도 괜찮다. 아마 자주 다시 그 상태로 되돌아올 것이다. 최악의 경우 부정적인 생각이 좀처럼 사라지지 않아서 없어졌나 싶으면 언제 다시 돌아와 당신을 괴롭힐 수도 있다. 한순간이나마 불안해지는 것을 막을 수는 있지만 불안이 얼마나 머물지는 당신 소관이 아니다. 그러나 아무리 짧은 시간이라도 당신이 부정적인 생각을 떨치고 중립적인 생각을 할 수 있는 그 시간만큼 불안은 점점 더 당신에게서 멀어질 것이다. 다시 한번 순서를 적어 보면, '스톱 - 조용 - 긴장 완화 - 중립적이거나 긍정적인 상상'의 룰을 따르면 된다.

부정적인 생각을 멈출 수 있는 두 번째 버전은 "스톱"이라고 적힌 표지판을 상상하는 것이다. 부정적인 생각이 들 때마다 그 표지판을 떠올리고 표지판에서 뒷걸음질 쳐 6미터 정도 떨어진 지점까지 멀리 달아난다고 상상한다. 멀어지는 동안 글자는 점점 작아진다. 6미터 지점에 이르면 다시 표지판을 향해 달려온다는 상상을 한다. 코가 표지판에 닿아서 글자가 보이지 않을 때까지 달려온다. 다시 후진하여 글자가 똑똑하게 보이는 지점까지 물러난다. 그리고 큰 소리로 말한다. "스톱!" 부정적인 생각이 멈추면 아름다운 장면을 상상한다. 해변을 거닐 거나, 벽난로 가에 앉아 있거나, 아침 이슬이 내린 풀밭을 맨발로 걷는 다는 상상을 한다. 그 장면을 생생하게 떠올리면서 피부에 닿는 느낌 과 귀에 닿은 소리를 상상한다. 감각들이 깨어날수록 불안은 점점 멀 어질 것이고 기분도 좋아질 것이다. 이 방법이 효과적인 이유는 스톱 표지판과 불안한 상황을 동시에 상상할 수 없기 때문이다.

TIP 4 부정적인 생각을 중단시켜라.

불안한 생각이 들고 몸이 긴장되면 바닥에 앉아 양발을 바닥에 대고 손바닥을 허벅지에 올린다. 오른손 검지로 오른쪽 허벅지를 한 번 톡 치고 왼쪽 검지로 왼쪽 허벅지를 한 번 톡 친다. 1초당 약 2번씩 번갈아 가면서 양쪽 허벅지를 친다. 허벅지를 번갈아 가며 치는 동안 계속해 서 부정적인 생각과 감정에 집중한다. 약 3분가량 이 동작을 반복한다. 그런 다음 긴장이 풀렸는지 부정적인 생각에 변화가 왔는지 살핀 후 아직 그대로라면 다시 3분 동안 같은 동작을 되풀이한다.

CHAPTER ⑦
불안 해소를 위한 신체 전략 3가지

혹시 모르니 이완기술 하나쯤은 '마음의 구급상자'에 넣어두고 보관해두는 것이 좋다. 여기서 소개할 3가지 기술 중에서 첫 번째와 두 번째는 둘 중 하나를 선택해서 배워도 좋지만 세 번째는 반드시 배워둘 필요가 있다.

호흡 조절하기

불안이 밀려들기 시작하면 호흡의 리듬이 변한다. 호흡이 빨라져서 들이켜는 산소는 너무 많은데 신체의 세포에 나누어 주는 산소량은 너무 적어 여러 가지 신체 반응이 일어난다. 근육이 긴장하고, 어지럽고, 심장이 두근거리고, 무릎이 후들거리며, 가슴이 아프고, 정신이 혼미하고, 땀이 난다. 그럼 우리는 이런 반응을 위험하다고 판단하고 더 불안해진다. 따라서 얼른 호흡을 조절하여 불안을 잠재워야 한다. 이럴 땐 입을 꼭 다물고 코로만 호흡해야 한다. 필요하다면 손바닥으로 입을 꽉 눌러도 좋다. 이 상태로 복식호흡을 하자. 복식호흡은 연습이 필요하다.

복식호흡법 1

폐에 공기를 가득 채웠다가 완전히 내쉰다. 이번에는 복부를 공기로 가득 채운다. 숨을 들이쉬고 내쉴 때 가슴보다 복부가 더 많이 움직여야 한다. 공기로 배가 불룩해진다고 상상한다. 다시 천천히 숨을 내쉰다. 숨을 다 내쉰 후에는 잠시 멈춘다. 이런 호흡을 몇 분 동안 반복한다.

복식호흡법 2

손바닥을 배꼽 아래 2센티미터 지점에 댄다. 깊게 숨을 들이쉬면서 숨이 천천히 손이 있는 부위까지 내려가서 손을 밀어 올린다고 상상한다. 숨이 다시 천천히 폐를 지나 코를 거쳐 밖으로 빠져나간다고 상상하며 이번에는 배와 함께 밑으로 꺼지는 손에 집중한다. 이 동작을 몇 분 동안 반복한다.

자발적 긴장해소법

부정적인 생각이 신체에 경고를 보내면 그 경고를 해제해야 한다. 대표적인 방법이 호흡을 이용한 자발적 긴장해소법이다. 평소보다 더 깊게 호흡한다. 숨을 들이쉬었다가 멈추지 말고 연이어 내쉰다. 숨을 완전히 내쉰 후에는 약 6~10초 동

안 멈춘다. 여러 번 연습해서 자신에게 가장 맞는 시간을 찾아
보자. 숨을 멈춘 동안 속으로 1,001에서 1,006 혹은 1,010까
지 센다. 다시 숨을 들이쉬었다 멈추지 않고 내쉬고, 다 내쉰
다음 6~10초 동안 숨을 참는다.

이런 호흡을 2~3분 동안 반복한다. 그래도 긴장이 풀리지
않으면 긴장이 풀릴 때까지 계속 반복한다. 이 방법은 매일 아
침 눈뜨자마자, 밤에 잠자기 직전에 연습하자. 미리 연습해두
면 스트레스 상황이 발생했을 때 과호흡과 긴장 완화에 아주
유용한 방법이 될 것이다.

근육 이완시키기

불안이 찾아오면 근육이 긴장하고 심한 경우 경련이 일어난
다. 그러나 거꾸로 근육 활동이 감정에 영향을 미칠 수 있으므
로 근육을 이완시켜 불안을 줄일 수 있다. 점진적 근이완법은
긴장과 이완을 교대로 반복하면서 근육을 이완시키는 방법으
로 미국 생리학자 에드먼드 제이콥슨(Edmund Jacobson)이 개
발하였다.

자발적 긴장해소법과 달리 이 방법은 매우 적극적이다. 나는 상담실 내담자들에게 자발적 긴장해소법보다 점진적 근이완법을 먼저 권한다. 불안장애에 시달리는 사람들은 특히 생각을 멈추기가 무척 힘이 들기 때문이다. 점진적 근이완법을 활용하면 긴장이 심한 신체 부위를 파악하기 쉽고, 무엇보다 불안으로 인한 무력감을 떨쳐내는 데 크게 도움이 된다. 의식적으로 근육을 이완시켜 자율 신경계를 안정시키면 불안이 저절로 가라앉기 때문이다. 이 방법은 약간의 훈련이 필요하다. 단, 순환계 질환을 앓고 있다면 먼저 병원을 찾아 이 방법을 써도 되는지 상의해보는 것이 좋다.

점진적 근이완법

20~30분 정도 시간이 필요하며 방해받지 않고 눕거나 앉아서 연습할 수 있는 조용한 공간도 필요하다. 너무 환하다면 커튼을 쳐서 빛의 세기를 줄이는 것도 좋다. 아래 설명대로 약 5초 동안 신체 근육을 하나씩 차례로 긴장시킨다. 약간 당기는 느낌이 들 정도가 적당하다. 너무 심하게 당겨 경련이 일어나서는 안 된다. 그런 다음 움직이지 말고 그 자세 그대로 긴장을 푼다. 약 10초 동안 이완된 상태를 느껴본다. 처음 한 번

으로 느껴지지 않으면 다시 긴장과 이완을 반복한다. 한 근육을 긴장시킬 때 다른 근육들은 최대한 이완 상태를 유지하도록 노력해야 한다.

자, 그럼 시작해보자. 일단 몇 번 숨을 깊이 들이쉬고 내쉬어 몸을 푼 다음 차례대로 연습해보자.

점진적 근이완법 연습하기

1   오른손 주먹을 쥐고 천천히 1에서 5까지 센 다음 주먹을 편다. 10초 동안 이완되는 느낌을 음미해보자.

2   왼손 주먹을 쥐고 천천히 1에서 5까지 센 다음 다시 주먹을 편다.

3   팔 위쪽 근육(상박근)을 긴장시킨다. 팔이 직각이 되게 굽힌다. 팔을 펴 긴장을 푼다.

4   손바닥으로 바닥을 짚고 팔 아래쪽 근육(하박근)에 힘을 주었다가 다시 힘을 뺀다.

5   이마를 찌푸린다. 이때 눈을 크게 뜬다. 눈썹을 치켜올려 이마에 가로 주름을 만든다. 다시 원상태로 돌아간다.

6   양쪽 눈썹을 잡아당겨 코 위에 세로 주름을 만든다. 눈썹을 편다.

7   눈을 감은 다음 천천히 1에서 5까지 세고 다시 눈을 뜬다.

8   입술을 앙다문다. 이에는 힘을 주지 않는다. 이어 입술의 힘을 뺀다.

9   혀로 입천장을 누른다. 힘을 뺀다.

10 아랫니와 윗니를 맞닿게 해 힘을 준다. 힘을 뺀다.

11 목을 뒤로 젖혔다가 바로 한다.

12 턱을 가슴 쪽으로 힘껏 당겼다가 힘을 뺀다.

13 어깨를 귀 쪽으로 끌어 올렸다 다시 내린다.

14 어깨뼈를 뒤 척추 쪽으로 젖혔다가 다시 원위치로 돌아온다.

15 가슴이 불룩해질 만큼 깊이 숨을 들이쉰다. 그대로 멈췄다가 다시 숨을 내쉰다. 이번에는 가슴을 모아 접었다가 다시 편다.

16 배를 불룩하게 내밀고 그 상태로 호흡을 한다. 다시 배를 집어넣고 힘을 뺀다.

17 누운 자세라면 엉덩이를 들어 올렸다가 내린다. 앉은 자세라면 엉덩이 근육만 힘을 주었다가 뺀다.

18 무릎으로 무언가를 밀어젖히는 자세로 허벅지에 힘을 준다(누운 자세라면 먼저 다리를 당겨 세워야 한다). 힘을 뺀다.

19 발로 바닥을 눌러 종아리에 힘을 준다. 발에 힘을 뺀다.

20 발을 위로 당겨 종아리에 힘을 준다. 발을 내린다.

연습이 끝난 후에도 몇 분 동안 가만히 눕거나 앉아서 긴장이 풀린 느낌을 느껴본다. 머릿속으로 모든 근육을 다시 한

번 순서대로 되짚어보며 자신에게 물어본다. "어깨 부분이 아
직 뭉쳤나? 엉덩이 부분이 딱딱한가?" 그런 다음 숫자를 4에
서 1까지 거꾸로 센 후 1에서 생각한다. "기분이 상쾌하고 머
리가 맑고 마음이 편안하다." 그리고 자리에서 일어선다.

연습하는 동안 숨은 깊게, 천천히, 규칙적으로 들이쉬고 내
쉰다. 다 끝나면 숨을 들이쉬면서 "정말", 내 쉬면서 "편안하
다"라고 생각한다. "편안하다"라는 말 대신 아름답고 기분 좋
은 장면을 상상해도 된다. 힘든 상황에서 싸움이나 도망 반응
을 보이는 사람들의 경우 특히 골격근 긴장을 많이 하기 때문
에 이런 근이완법이 도움이 될 것이다. 연습을 통해 자신의 몸
에 대해 더 잘 알게 되고 자신이 긴장하고 있다는 사실을 의식
할 수 있다. 매일 이 이완훈련을 통해 호전되는 자신의 모습을
관찰해보자.

체계적 둔감법

체계적 둔감법은 가장 오래된 불안 극복 방법 중 하나다. 상상
연습과 달리 새로운 행동과 상상이 아니라 이완을 목표로 한다.

체계적 둔감법은 우리가 살면서 자신도 모르는 사이 자동적으로, 비합리적으로 특정 자극에 공포로 반응하도록 훈련되었다는 데 착안하였다. 따라서 우리의 목표는 공포를 느끼지 않고서 자극에 반응하는 법을 배우는 것이다.

인간은 불안과 긴장과 이완을 동시에 느낄 수 없다는 것이 이 방법의 원리다. 작은 단계로 나누어 차근차근 무서운 상황과 대면한다. 이 방법을 실행하기 전에 의식적으로 긴장을 푸는 능력을 습득하고 불안의 강도에 따라 상황의 단계를 정하도록 해야 한다.

또한 체계적 둔감법에는 두 가지 형태가 있다. 현실과 상상인데, 상상의 경우 불안 단계를 마음대로 잘게 나눌 수 있다는 장점이 있다. 예를 들어 개 공포증이 있다면 줄에 묶이지 않은 개와 자신의 거리를 마음대로 조절할 수 있다. 또 돈이 들지 않는다. 굳이 비행기 티켓을 사지 않아도 비행기를 타는 상상을 마음껏 할 수 있으니 말이다.

체계적 둔감법 연습하기

시작하기 전에 직장이나 가정에서 크게 문제가 없는 시간을 골라 연습한다. 많이 불안하겠지만 가장 먼저 극복하고 싶은 불안을 하나 고른다. 개 공포증, 거절 공포증, 고소 공포증 중 하나를 골라 시작해보자.

1단계 **불안 온도계를 이용하여 상황의 단계를 정해보자.**

불안이 전혀 없을 때가 0, 불안이 최고조일 때가 100이다. 개별 상황들을 불안 정도가 가장 높은 것에서 가장 낮은 순서대로 쭉 세워보면 단계가 정해질 것이다. 단계는 12~20단계로 나누는 것이 적당하다.

예를 들어 비행공포증의 불안 단계는 다음과 같을 것이다.

1   티켓을 산다.

2   공항으로 간다.

3   창구로 가서 짐을 부친다.

4   개찰구를 통과한다.

5   공항버스에 오른다.

6   비행기가 있는 곳으로 간다.

7   탑승한다.

8   좌석에 앉는다.

9   안전벨트를 맨다.

10　비행기에 시동을 건다.

11　비행기가 이륙장으로 향한다.

12　비행기가 출발한다.

13　비행기가 이륙한다.

14　비행기가 기울어진다.

15　비행기가 커브를 튼다.

16　비행기가 비행고도에 올라 안전벨트를 푼다.

17　기장이 날씨가 좋지 않고 난기류임을 알린다.

18　비행기가 비상착륙을 시도한다.

19　비행기 속도가 느려진다.

20　비상착륙한다.

2단계 이제 각 상황을 카드에 적어 이것을 공포 온도계에 따라 배열한다.

0에서부터 시작한다. 주의할 점은 두 상황 사이의 간격이 너무 크지 않아야 한다. 그리고 마지막은 최악의 상황이어야 한다. 비행기가 비상착륙하고, 청중들이 웃으며 모두 밖으로 나가버리고, 당신이 백화점에서 쓰러진다.

단계는 최대한 상세하게 작성해야 한다.

- **고소공포증의 경우: 높이**

  당신이 서 있는 발코니의 높이가 3층, 4층, 5층 … 15층이다.

- **개 공포증의 경우: 크기**

  개가 닥스훈트, 복서, 셰퍼드, 봅테일이다.

- **버스 공포증의 경우: 시간**

  버스를 타고 가는 시간이 30분, 1시간 … 2시간이다.

- **광장 공포증의 경우: 사람의 숫자**

  홀에 사람이 1명, 5명, 10명 … 50명이 있다.

- **집에서 멀어지는 것을 무서워하는 경우: 거리**

  집과의 거리가 1미터, 10미터, 50미터 … 1킬로미터다.

처음에는 단계를 정하기가 좀 힘들 테지만 자꾸 하다 보면 익숙해질 것이다. 당신이 사진기사나 촬영기사라고 상상해보자. 그럼 자신의 상황을 관찰자 입장에서 바라볼 수 있을 것이다.

3단계 **상상과 현실 중 선택한다.**

보통은 상상을 먼저 해보다가 확신이 생기면 현실로 나가라고 권한다. 불안한 상황을 생생하게 상상할 줄 아는 사람이 체계적 둔감법을 실행할 때 진전이 더 빠르다. 연습을 시작하

기 전에 먼저 몸을 이완시키자. 앞서 배웠던 점진적 근이완법
이나 자발적 긴장해소법을 활용해 긴장을 풀어보자.

4단계 연습을 시작한다.

상상의 체계적 둔감법

- 조용한 방에 편안하게 앉거나 눕는다. 몸에 힘을 뺀다.
- 가장 단계가 낮은 카드를 앞에 놓는다. 이완법을 실시한다.
- 약 30분 동안 첫 번째 상황을 세밀한 부분까지 구체적으
  로 상상한다.
- 긴장하는 게 느껴지면 곧바로 상상을 중단하고 다시 이
  완에 집중한다.
- 긴장이 풀리면 첫 번째 상황을 다시 떠올린다. 상상과 이
  완을 오가며 불안과 불쾌감이 줄어들 때까지 반복한다.
  3번 연이어 5~10초 동안 불안이 느껴지지 않으면 그 상
  황은 성공적으로 마친 것이다.
- 다음 단계로 넘어간다.
- 절대 불안이 남아 있는 상태에서 연습을 마쳐서는 안 된다.

　　일주일에 2~3번 10분 정도 훈련하면 충분하다. 이전 훈련을 성공적으로 마친 단계에서 시작해야 한다. 상상을 할 때는 단계를 적을 카드의 상황을 벗어나서는 안 된다. 중요한 상황을 빼먹었다고 생각되면 훈련을 중단하고 단계를 다시 정해야 한다. 긴장이 풀리지 않아서 같은 상황을 15~20번 반복할 수도 있다. 그래도 괜찮다. 중요한 것은 시간과 노력만 투자하면 반드시 불안을 극복할 수 있는 효과적인 전략이 당신 손에 있다는 사실이다.

　　여러 번 반복해도 긴장이 수그러들지 않는다면 단계 사이의 간격이 너무 크거나, 충분히 긴장이 풀리지 않은 상태에서 성급하게 다음 단계로 넘어갔을 가능성이 크다. 그럴 땐 다시 이전 단계로 돌아가서 두 단계 사이에 중간 단계가 있는지 살펴보자. 그래도 역시 긴장이 풀리지 않거든 다른 상황을 골라서 처음부터 다시 시작하라. 이 훈련의 목표는 훈련을 통해 차츰차츰 긴장이 줄어들어 당신이 불안을 느끼지 않은 채 그 상황을 더 오래 상상할 수 있게 만드는 것이다. 나아가 똑같은 상황을 현실에서 불안 없이 경험하게 하는 것이다.

현실의 체계적 둔감법

- 가장 낮은 단계의 불안 상황을 골라 그 상황으로 들어가 본다.

- 그 상황에서 이완법을 활용하여 긴장을 푼다. 마음이 편 안해지면 그 상황에서 나온다. 불안이 사라지기 전에 연 습을 중단했다면 잠시 마음을 가라앉힌 다음 곧바로 다 시 그 상황으로 들어간다. 그리고 불안이 가라앉을 때까 지 그 상황 안에 머문다.

- 3번 연이어 불안이 느껴지지 않을 때까지 연습을 반복한 다. 한꺼번에 할 수도 있고, 하루에 여러 번 나누어 할 수 도 있고, 아니면 며칠에 걸쳐 할 수도 있다. 그러나 시간 간격이 너무 벌어지는 것은 좋지 않으며 2~3일은 넘기 지 않는 것이 좋다.

- 다음 단계로 넘어가서 같은 연습을 반복한다. 이 단계에 서 다시 3번 연이어 불안을 느끼지 않았다면 다음 단계 로 넘어가도 좋다.

- 불안이 남아 있는 상태에서 연습을 중단해서는 안 된다. 어쩔 수 없이 중단해야 했다면 다음번에는 이전 단계로 돌아가서 다시 시작해야 한다.

- 연습 시간은 하루 30~60분을 넘기지 않도록 한다.
- 중간에 연습을 쉬거나 상태가 좋지 않을 때는 안전을 위
  해 이전 1~2단계 전으로 돌아가서 하는 것이 좋다.

불안을 이기기 위한 습관

식습관과 운동습관 기르기

몇 년씩 불안장애를 앓으면 식습관과 운동습관 또한 나빠진
다. 기력이 없어서 건강한 식습관을 유지하기 힘든데다 불안
을 달래기 위해 술이나 칼로리 높은 음식을 먹게 되고, 담배를
피우거나 과식을 하게 되기 때문 이다. 또 밖으로 나가는 게
겁이 나서 운동을 포기하고, 이런 습관이 반복되다 보면 건강
을 해치게 된다. 그러나 불안을 이기고 싶다면 식습관과 운동
에도 신경을 써야 한다.

- 물을 충분히 마시자. 하루 2~3리터의 물을 마시는 것이
  좋다. 미네랄워터, 과일이나 허브차, 집에서 짠 과일주스
  가 좋다.
- 술, 커피, 홍차는 될 수 있는 한 적게 마시자. 혈압을 올리
  고 혈관을 수축시키기 때문이다.
- 담배를 끊자.
- 설탕 섭취를 줄이자. 설탕은 혈당을 높인다. 그러다 혈당
  이 떨어지면 저혈당으로 인한 순환계 이상이 발생하고,
  불안장애 환자들은 이것을 불안 증세로 착각할 수 있다.

또 과도한 설탕 섭취는 당뇨병을 유발한다.

- 지중해식 식사를 하자. 과일, 야채, 올리브유, 지방이 적은 고기와 생선, 유제품, 견과류를 많이 섭취하자.
- 규칙적으로 운동을 하자. 특히 걷기, 산책, 자전거 타기 등 규칙적인 운동은 심신에 안정감은 준다. 또 운동은 혈액순환을 돕고 기분을 좋게 만든다. 일주일에 2~3회, 최소 30분씩 시간을 내어보자. 쉬운 것부터 시작해서 점차 강도를 높이는 것이 좋다.

예기불안 극복하기

앞서 확인했다시피 우리 몸은 상상과 실제 사건을 구분하지 못한다. 특히 불안장애가 있는 사람들은 늘 위험한 사건을 먼저 상상한다. 눈앞에서 계속해서 재난 영화가 돌아가고 있는 셈이다. 그러다 보니 늘 무서운 일이 일어날 것이라는 불안에 시달린다. 이것을 두고 예기불안이라고 한다.

그렇다면 예기불안은 어떻게 극복할 수 있을까? 다양한 방법이 있다. 그 방법에 대해 알아보겠다.

재난영화, 당신의 상상 이미지를 점검하라

당신이 상상하는 것이 얼마나 사실에 부합하는지 점검한
다. 앞서 생각을 점검하던 것과 같다. 실제로 위험한지, 일어날
가능성은 얼마나 되는지 살핀다. 상상은 발생 가능성이 있고
우리가 그에 대처할 수 있을 때만 의미가 있다. 발생 가능성이
없고 우리가 어찌할 도리가 없는 것은 아무리 고민해봤자 시
간 낭비, 에너지 낭비일 뿐이다.

"스톱"이라고 외쳐 상상을 멈춘다

앞서 생각을 멈출 때처럼 위험한 상상이 떠오르면 손뼉을
치거나 큰 소리로 혹은 속으로 "스톱"이라고 외친다. 상상이
멈추면 호흡법으로 긴장을 풀고 중립적이거나 유쾌한 장면을
떠올린다. 재난 장면이 떠오를 때마다 즉각 상상을 중단시키
자. 계속 떠오르더라도 포기하지 말고 계속 중단시켜야 한다.
나쁜 상상을 중단시키고 확산하는 걸 방지하는 것이 중요하
다. 순서는 다음과 같다.

생각 중단 → 조용 → 긴장 완화 → 중립적이거나 긍정적인 상상

검지로 허벅지를 두드린다

앞서 배운 대로 검지로 오른쪽과 왼쪽을 번갈아 가며 허벅지를 두드려서 부정적인 상상을 멈춘다.

불쾌하고 부정적인 상상을 유쾌하고 긍정적인 상상으로 바꾼다

불안하게 하는 상상이 떠오를 때마다 편안한 장소에 있다고 상상하라. 햇살 환한 풀밭에 누워 있거나 타닥타닥 나무가 타는 벽난로 앞에 앉아 있다고 상상한다. 소리, 냄새, 맛, 보이는 것, 느낌을 최대한 구체적으로 상상해보자. 다양한 감각이 활성화될수록 기분도 좋아지고 몸이 이완되는 것도 더 잘 느낄 수 있다.

불안을 무사히 극복한 장면을 상상한다(극복 상상)

대부분의 불안장애 환자들은 불안한 상황에 압도되어 어찌할 바를 모르는 자신을 상상한다. 그러니까 자신의 불안 상태를 계속해서 훈련하는 셈이다. 불안을 이겨내려면 이겨냈다는 상상을 할 수 있어야 한다. 당신이 어떤 상태며, 불안에 어떻게 대처하고 이겨냈는지를 생생하게 그려보자. 이완 훈련을 하면서 그 상황에서 꿋꿋하게 버텨내거나 자신에게 "이대로 가만히 있어 보자. 그럼 불안이 약해질 거야. 겁낼 필요 없어.
평가하지 말고 관찰해"라고 명령 내리는 자신을 상상한다.

재난장면을 새롭게 연출한다

아무리 노력해도 부정적인 상상이 멈추지 않을 수 있다. 그
럴 땐 카메라 위치를 바꾸어 우리가 우리의 감정을 연출하는
영화감독이 되었다고 상상하자. 미래 상황을 어떻게 그릴지,
어떤 색상, 얼마만큼의 크기인지에 따라 우리가 느끼는 불안
강도는 달라진다. 따라서 영상을 바꾸면 공포도 줄일 수 있다.
물론 같은 영상이라도 사람마다 다르게 반응하기 때문에 우선
당신이 어떤 특징에 특히 강렬한 감정으로 반응하는지 알아야
한다. 다양한 버전으로 상상의 이미지를 변주해보자.

- 색깔을 달리한다. 한 번은 흑백으로, 한 번은 컬러로 상상
  한다.
- 밝기를 달리한다. 한 번은 아주 어둡게, 한 번은 아주 밝
  게 한다.
- 크기를 달리한다. 한 번은 아주 크게, 한 번은 아주 작게
  만든다.

- 거리를 달리한다. 한 번은 아주 가까이서, 한 번은 거의 못 알아볼 정도로 멀리 떨어져 있다고 상상한다.
- 화질을 달리한다. 한 번은 또렷하게, 한 번은 흐리게 한다.
- 한 번은 주인공이 되고, 한 번은 관객이 되어 장면을 관찰한다.

자신이 어떤 부분에 약한지 알아내었다면 그 부분을 피해 불안을 줄이면 된다. 상담소를 방문했던 내담자 중에는 화질을 흐리게 하고 멀리서 지켜보면 훨씬 도움이 된다는 사람들이 많았다. 또 관찰자 시점에서 상황을 바라보면 아무래도 위험이 덜 느껴질 것이다.

위험한 상황을 극복한 자신의 모습을 상상한다(시점 연기)

특정 상황으로 인해 불안을 느낀다면 6개월 후, 1년 후, 몇 년 후 그 상황을 이겨냈다고 상상하면 도움이 된다. 객관적으로 상황을 바라볼 수 있기 때문에 위험의 의미 또한 다르게 평가할 수 있다.

호전, 재발, 제자리걸음에서 빠져나오기

호전

어느 날 갑자기 불안이 싹 사라질 수는 없다. 하지만 열심히 연습하고 노력하다 보면 조금씩 나아질 것이다. 그러다 보니 진전이 있어도 그것을 호전됐다고 느끼지 못하는 사람들이 많다. 열심히 노력하는데 아무런 발전이 없다면 의욕이 꺾이기 마련이다. 그러니 눈을 크게 뜨고 아무리 조그만 것이라도 변화된 자신을 정확히 체크해야 한다. 그렇다면 어떤 상태가 호전일까?

- **행동하고 모험한다**

  회피하지 않고 불안을 안은 채 위험하게 느껴지는 상황으로 들어간다.

- **불안을 참는다**

  도망치지 않고 불안이 잦아들 때까지 그 상황에 머문다.

- **원인과 결과를 파악한다**

  어떤 상황에서 당신이 불안을 느끼는지 깨닫는다. 불안은 당신이 자꾸만 부정적인 생각을 만들기 때문임을 명심한다.

- **불안의 지속 정도**

위험한 상황에 들어가면 여전히 불안이 솟구치지만 예전과 비교하면 잦

아드는 속도가 훨씬 빨라졌다.

- **불안의 강도와 신체 증상의 정도**

위험한 상황에 처해도 불안의 강도가 훨씬 약하다. 신체 증상도 약해졌다.

- **불안 증세가 나타나는 빈도수**

예전에 비해 불안한 증세가 나타나는 횟수가 줄었다.

- **머리와 가슴의 충돌**

머리로는 유익한 생각을 하지만 가슴으로는 해묵은 불안을 느낀다.

- **불안과 새로운 자세의 대결**

과거의 부정적 생각이 새로운 건강한 자세와 충돌한다.

★ 조심! 불안이 완전히 사라져야만 호전된 것은 아니다. 무서운데도 피하지 않는 것
만으로도 충분히 칭찬받을 만하다. 인생사가 그렇듯 살다 보면 좋은 날도 있고 나
쁜 날도 있다. 불안이 확 줄어들었다 싶다가도 갑자기 더 불안한 날이 있을 것이다.
불안이 심해진다 해도 의욕이 꺾여서는 안 된다. 작은 발전 하나하나에 관심을 갖
고 칭찬을 아끼지 말아야 한다.

재발

불안은 언제든 다시 찾아올 것이다. 그러나 용기를 잃어서

는 안 된다. 모든 습관의 변화가 그렇듯 불안에 반응하는 습관

역시 재발을 겪는다. 해묵은 프로그램이 다시 승리를 거두는

것이다. 한동안 잠잠하던 불안이 갑자기 나타나서 다시 그 상황을 피하게 될 수도 있다. 하지만 겁낼 필요 없다. 당신은 이미 대처법을 알고 있다. 지금껏 하던 대로 하면 된다. 불안의 정당성을 점검하고, 유익한 생각으로 불안을 대체하고, 긴장 해소법과 호흡법을 활용하여 긴장을 풀고, 피하지 말고 용기 내 그 상황으로 들어가면 된다. 아마 처음보다 훨씬 빨리 불안이 잦아들 것이다. 심리치료를 받는 중이라면 치료사와 상담 일정을 잡아서 의논해보는 것도 좋다.

압박

많은 내담자가 심리치료를 통해 불안의 원인이 자기 생각 때문이라는 사실을 알고 나면 불안을 느끼는 자신을 탓하고 자신에게 압박을 가한다. "부정적인 생각을 하면 안 돼!" 그러나 앞서 생각 바꾸기 과정에서도 배웠듯 이론적 지식을 알았다고 해서 불안이 곧바로 사라지는 것은 아니다. 새로운 프로그램이 과거의 프로그램보다 강해질 때까지는 계속해서 불안이 고개를 들이밀 것이다.

위기

이혼, 직장 내 왕따, 가족 내 갈등, 경제 문제가 닥치거나 몸이 허약하고 병이 들면 당연히 불안도 심해질 수밖에 없다. 그럴 땐 불안에 맞설 힘도 줄어든다.

불안을 극복했다고 해서 영영 불안을 느끼지 않게 되는 것은 아니다. 새로운 문제가 생기면, 예를 들어 자식의 독립, 이직, 이혼, 퇴직, 입원 등으로 인해 불안은 언제든 다시 찾아올 수 있다. 하지만 한 번 넘어본 산을 두 번째 넘을 때는 훨씬 수월한 법이다. 한 번 극복해본 경험이 있으니 이번에는 훨씬 더 잘 대처할 수 있을 것이다.

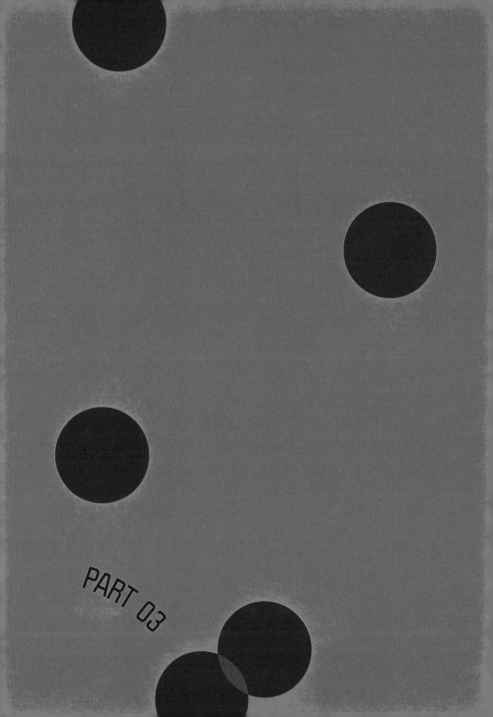

PART 03

불안의 형태와
대처법

CHAPTER ⑨ 불안의 형태

이번 Part에서는 불안의 각 형태를 자세하게 살펴보고 그에 맞는 구체적인 전략을 알아보고자 한다. 우선 가장 흔한 불안 장애 종류부터 간략하게 살펴보자.

공포증

공포증은 위험하지 않은 상황에서 불안을 느끼는 장애다. 공포증 환자는 그 상황을 피하려 하고, 피할 수 없을 때는 심한 공포를 느낀다. 가장 중요한 형태들은 다음과 같다.

공황장애를 동반하지 않는 광장공포증

도망치기 어렵거나 도움을 청할 수 없는 상황을 무서워한다. 집 밖으로 나가거나 가게에 들어가는 것, 사람이 많은 곳이나 공공장소에 가는 것, 혼자서 지하철이나 버스, 비행기를 타는 것을 무척 겁낸다. 그런 상황을 피해 불안한 상태가 되지 않으려고 애쓴다. 따라서 시간이 갈수록 삶의 폭이 점점 좁아진다.

공황장애를 동반하는 광장공포증

광장공포증은 공황장애를 동반하는 경우가 많다. 신체 증상도 함께 나타나서 심장이 두근거리고, 땀이 비 오듯 쏟아지며, 호흡이 가빠지고, 가슴이 답답하며, 어지럽고, 비현실적인 느낌이 들며, 열이 솟구치거나, 오한이 들고, 마치 죽을 것 같다는 공포에 시달린다. 따라서 도망칠 수 없을 것 같거나 도움을 청할 수 없을 것 같은 상황은 기피한다. 다른 사람들이 옆에 있거나 가까운 곳에 의사가 있으면 불안을 훨씬 덜 느낀다.

특정 공포증

특정 동물, 높은 곳, 천둥번개, 어둠, 비행, 닫힌 공간, 치과 등 특정 상황에 대해 공포를 느끼는 증상이다. 이 경우도 광장공포증과 같은 신체 증상이 나타난다.

사회공포증

다른 사람의 평가를 두려워하는 공포증이다. 곤란한 상황이 되거나 미숙한 행동을 해서 창피를 당하거나 거부와 비판을 당할까 봐, 실패자로 낙인찍힐까 봐 겁을 낸다. 자존감이 낮고 사람들의 관심을 두려워한다. 남들 앞에서 말을 하거나

글을 쓰거나 먹고 마시는 것을 겁낸다. 신체 증상으로는 얼굴
이 빨개지고 몸이 떨리고 오줌이 마려운 증상이 나타난다.

공황장애

갑자기 공포가 밀려오면서 다음과 같은 신체 증상을 동반한
다. 심장이 두근거리고, 심장이 빨리 뛰거나 불규칙적으로 뛰
며, 땀이 솟구치고, 사지가 떨리고, 입이 마르고, 숨이 가쁘며
질식할 것 같고, 가슴이 답답하며, 목이 막히고, 가슴에 통증
과 압박감이 느껴지며, 속이 메슥거리거나 배가 아프고, 어지
럽고 불안하고 무기력해지며, 정신이 혼미해지고, 비현실감이
든다. 이러다 미쳐버리거나 혼절할까 봐 겁이 나고, 열이 오르
거나 한기가 밀려들고, 소리가 안 들리거나, 몸이 가렵다. 대부
분 그 이유를 알 수 없다. 마른하늘에 날벼락처럼 공포가 밀려
들고 약 10분 동안 강도가 점점 더 세진다. 하지만 30분을 넘
기는 경우는 없다. 과호흡이 올 수도 있다. 그래서 몸이 아픈
것이라고 믿는 사람들도 많다. 하지만 현실적인 외부 요인도
신체적인 원인도 없다. 공황장애를 앓는 사람은 광장공포증

환자들과 달리 원인이 되는 상황을 피하지는 않는다.

외상후스트레스장애

성폭력, 사고, 큰 수술, 강도 상해 등 일반적이지 않은 위험과 관련된 스트레스 경험(트라우마)에 대한 반응으로 불안 증상이 생겨난다. 사건이 있은 후 불안이 나타나기까지 몇 주에서 몇 달이 걸릴 수 있다. 주요한 특징은 악몽 형태로 사건을 계속 떠올리고, 멍해지고, 주변에 대한 관심이 줄고, 좋은 일에 대해 반응하지 않고, 그 사건을 떠올리는 활동이나 상황을 피한다. 또 대부분 지나치게 잘 놀라고, 자주 짜증을 내며, 과도한 흥분 상태일 경우가 많고, 수면장애와 집중력 장애를 겪는다.

일반화된 불안장애

공포가 장기화된 상태다. 무엇이 무서운지 정확히 알 수 없지만 다른 공포증과 같은 신체 증상들을 느낀다. 몸이 떨리고, 심장이 빨리 뛰며, 어지럽고, 구역질이 나고, 마음이 불안 불안하며, 긴장을 풀 수 없고, 열이 솟구치고, 근육통이 있으며, 집중력 장애, 신경과민, 수면장애를 겪는다. 계속해서 자신이나 가족에게 나쁜 일이 생길까 봐 노심초사한다. 몇 년씩 불안장애와 그로 인한 여러 신체 증상에 시달리다 보면 우울증이 생기거나 중독에 빠지기 쉽다. 아무리 해도 안 되니 절망감이 심해지고 술이나 약에 의존해서라도 불안을 잊고 싶기 때문이다.

이것 말고도 다양한 불안장애가 있지만 가장 흔한 것들만 소개하였다. 따라서 당신이 다른 원인으로 인해 불안을 느낀다고 해도 절대 미쳤거나 정신이 나간 게 아니니 걱정하지 마라. 예를 들어 보름달, 불 피우기, 동성애에 대한 생각, 사후생 같은 것을 무서워하는 사람들도 있다. 그러나 광장공포를 동반하는 공황장애가 가장 흔하면서도 당사자에겐 가장 심각한 위협으로 느껴지기에 이 불안증에 대해 우선 상세히 살펴보겠다.

광장공포증을 이겨내는 법

사례 ❷
T 씨, 43세 기혼 여성

공포라지만 뭐가 무서운지는 저 자신도 잘 몰라요. 그냥 문득 이상한 기분이 들더니 불안이 날로 심해졌어요. 시작은 약 4년 전으로 거슬러 올라갑니다.

평소 자주 가던 가게에 있었는데 갑자기 이상한 느낌이 들었어요. 그 느낌은 가슴께에서 시작되어 아주 천천히 목으로 올라왔죠. 가슴이 옥죄는 것 같았고, 위치는 조금 아래였지만 누가 제 목을 꽉 누르는 것 같았어요. 너무 무서웠죠. 그러다가 심장이 미친 듯 뛰기 시작했는데 뛰는 속도가 엄청나게 빨랐어요. 그리고 마침내 그 녀석이 찾아왔죠. 공황 말이에요. 진짜 무서운 건 그 공황이었어요. 사실은 지금 이 글을 쓰는 순간에도 빙빙 도는 것 같은 이상한 기분이 느껴져요. 잠시 후에 겨우 진정이 되긴 했는데 온몸에서 기력이 다 빠져나간 것처럼 힘이 하나도 없었어요. 그때부터 살짝 예기불안이 시작됐죠.

그 이후로 그런 증세가 자주 찾아왔어요. 하지만 도무지 이유를 알 수가 없었어요. 갑자기 심장이 멎어 그 자리에서 쓰러져 죽을까 봐 불안했어요. 얼마나 끔찍한지 몰라요. 아무리 미운 사람한테라

도 일어나지 않기를 바랄 정도로 끔찍한 기분이죠. 겨우겨우 하루
하루를 견뎌야 했어요. 최악은 그 상태를 아무도 이해하지 못한다
는 것이었어요. 이 병원 저 병원 전전했지만 몸에는 아무 이상 없었
어요. 마침 퇴사를 하게 되어 직장을 구하고 있었는데, 예전 직장 동
료들하고 떨어지는 게 무서워서 일부러 근처에서 일자리를 구했어
요. 특히 3년 동안 같이 일했던 동료가 있었는데 식구보다 더 가까
웠거든요.

　이직을 하고 나니 발작이 더 심해졌어요. 정말 죽지 못해 살았
죠. 심장이 멈춰 죽을까 봐 매일매일 불안했어요. 하루하루가 살얼
음판이어서 밖에 나다니는 건 생각조차 못 했죠. 아침에 눈을 뜨면
오늘 하루를 또 어떻게 버티나 암담했어요. 혼자 있을 때 특히 상태
가 안 좋았죠. 다시 병원을 전전하기 시작했고 제가 아무래도 미친
것 같다는 생각이 들었어요. 모두가 정상이라고, 심장에는 아무 이
상 없다고 했지만 저는 느꼈죠. 심장이 너무 불규칙적으로 뛰었거든
요. 머리는 멍했고 온몸이 시동을 건 오토바이처럼 부들부들 떨렸어
요. 직장에서도 통 일에 집중을 못 하니 늘 야단맞기 일쑤였죠.

　한 번은 사무실에 혼자 있는데 또 그 증상이 시작되었어요. 여
기저기 전화를 걸었지만 달려와 줄 사람이 없었어요. 혼자서는 도
저히 견딜 수가 없는데 그렇다고 어디 다른 데로 갈 수도 없었죠.

하는 수 없이 사장님께 전화를 걸어 도와달라고 했어요. 사장님이 달려오셨을 때는 거의 기절하기 일보 직전이었어요. 사장님이 절 병원으로 데려갔고 거기서 발륨 주사를 놔주었어요. 깜빡 잠이 들었는데 누가 고함치는 소리에 놀라 눈을 떴죠. 제 침상 주변에 사람들이 모여 있는 것을 보고 고함소리의 주인공이 저라는 것을 깨달았어요.

다음 날부터 병가를 냈는데 그게 또 고통이었죠. 하루 종일 집에 혼자 있어야 했으니까요. 사실 남편도 이미 지친 상태였어요. 집에 있을 때면 제가 남편 뒤꽁무니만 쫓아다녔거든요. 혼자서는 욕실도 못 갔어요. 욕실에서 10분만 혼자 있어도 부들부들 떨렸거든요. 남편이 잠시라도 절 혼자 두고 밖에 나가면 거의 미칠 지경이었어요. 남편이 거실에서 TV를 보고 침실에서 저 혼자 잠을 청해도 도저히 잠이 오지 않았고요. 밤에도 수시로 깨서 남편한테 살려달라고 매달렸어요. 죽을 것 같은 공포가 어딜 가나 따라다녔죠. 병원은 아무 도움이 안 되었어요. 다들 아무 이상 없다고 했으니까요. 남편은 정신을 차리고 마음을 다잡으면 괜찮아질 거라고 했지만 그럴수록 상태는 더 악화되었어요. 그런 제 자신이 너무 부끄러웠거든요. 저 때문에 남편도 아무것도 할 수 없었으니까요. 병가 기간이 끝났을 때 전 결국 직장에 사표를 냈어요. 도저히 회사에 다닐 수가 없었어요. 벌써 1년째였고 상태는 점점 더 나빠지기만 했어요.

어느 날 우연히 집 근처에 병원이 새로 개업했다는 소식을 들었어요. 전 혹시나 싶어서 그 병원을 찾았어요. 마침 환자가 저 한 명뿐이어서 전 그동안 겪었던 이야기를 다 털어놓을 수 있었어요. 의사 선생님은 아무 말 없이 제 이야기를 끝까지 들어주셨죠. 아마 1시간 정도 얘기했던 것 같아요. 제 말이 다 끝나자 의사 선생님이 말씀하셨어요. 몸에는 정말로 아무 이상이 없고 미친 것도 아니라고. 제 증상은 심신질환, 다시 말해 마음에서 온 병이라고. 전 말도 안 되는 소리라고 생각했어요. '저 의사가 미쳤나. 무슨 마음의 병이야.' 그런데 이상하게 마음이 편안해졌어요. 그리고 언제부터인지 모르게 그 진단을 믿기 시작했어요. 한 번 더 병원을 찾아 의사 선생님과 상담했고 그 후 심리 상담을 시작했죠. 전 그분들의 말을 전적으로 믿었고 상담사의 권고대로 자신과의 싸움을 시작했죠. 그것이 올바른 방향으로 발을 뗀 첫걸음이었어요. 제 상태가 마음의 문제라는 사실을 인정한 그 날부터 상태가 눈에 띄게 좋아졌거든요. 그사이 전 다시 직장을 구해 일을 시작했어요. 당연히 심리치료는 꾸준히 받고 있고요. 심리치료를 통해 참 많은 것을 배웠어요. 저 자신에 대해 그동안 몰랐던 많은 것들을 알게 되었거든요.

T 씨는 광장공포증과 공황장애를 앓고 있다. 광장공포증 중에서 가장 가벼운 형태는 낯선 상황, 사람들이 많은 장소, 여행에 대한 불쾌감 등으로 나타난다. 당사자는 집을 나서면 나쁜 일이 일어날 수 있고 아무도 도와주지 않을 것이라는 걱정 속에서 산다. 의사나 도움을 줄 사람이 곁에 있어 의지하거나 도움을 청할 수 있을 때는 마음이 훨씬 편하다. 따라서 귀갓길에는 증상이 약해진다. 사람이 많은 광장, 넓은 실내, 도로나 다리를 건너는 일, 혼자 있는 것을 무서워하고, 길을 잃을까 봐 겁내는 것도 광장공포증 증상이다. 환자는 되도록이면 그런 일이 일어날 수 있을 상황을 피한다. 광장공포는 가장 흔한 공포증 중 하나다. 100명 중 1명꼴로 나타나며 여성이 걸릴 확률이 더 높다. 발병 초기에는 여러 신체 증상을 동반한 공황발작이 일어난다. 심장이 두근거리고, 땀이 솟구치며, 입이 마르고, 호흡이 가빠지고, 가슴이 답답한 것이 대표적인 신체 증상이다. 광장공포증의 경과와 발전은 아래의 진행 과정을 따른다.

1 대부분의 환자는 몸이나 마음이 허약한 상태에서 특정 상황에 심장이 빨리 뛰고, 숨이 가쁘고, 어지럽고, 가슴이 아프고, 정신이 혼미해지는 등의 특이한 신체 변화를 겪는다. 여기서 특정 상황이란 터널 안, 철도 건널목, 극장이나 영화관, 지하철이나 기차 안, 백화점, 고속도로, 경기장, 사람이 바글거리는 광장, 외진 곳, 교회, 대기 줄, 미장원, 사고 현장 등이며, 대부분이 환자 자신이 자신을 통제할 수 없을 것 같은 상황이다. 즉, 공포가 밀려올 때 얼른 도움을 청하거나 도망칠 수 없는 상황이다.

2 환자는 심한 불안에 사로잡힌다. 공황발작은 너무나 위협적이기 때문에 그 상태를 두 번 다시는 겪고 싶지 않다. 그래서 그 상황을 피하기 위해서라면 무엇이든 하겠다고 결심한다. 이제 그의 인생엔 오직 두 가지 생각뿐이다. 다시 발작이 찾아올까? 아니면 어떻게 하면 그걸 막을 수 있을까?

보통 환자는 발작의 규칙을 깨닫지 못한다. 그래서 첫 발작이 일어났던 상황을 아예 피하게 된다. 어떤 상황이 위험한지 나름대로 이론을 만들고 얼른 도망칠 수 없는 상황으로는 아예 발을 들여놓으려 하지 않는다. 그의 일상은 온통 불안에 대한 예상과 계획으로 넘쳐난다. 예기불안과 기피 행동만이 일과를 점령한다.

그렇게 악순환이 시작된다. 환자는 공황발작을 일으킨다고 믿는 상황들을 기피한다. 기피는 점점 더 많은 상황으로 확대된다. 환자는 점점 더 심한 긴장을 느끼고, 긴장은 다시 공황발작 확률을 높인다. 결국 환자는 집 밖으로 한 발자국도 나가지 못하게 된다.

3 환자는 쉬지 않고 자신을 관찰한다. 자신이 심각한 정신병에 걸렸다고 믿고 이러다가 정말로 미치는 건 아닌지 걱정한다. 자신의 감정이 두렵다. 간질이나 심장병, 뇌종양을 앓고 있는 건 아닐까 걱정하는 사람도 있다. 또 심장마비나 질식사할 것 같은 공포를 느낀다. 그리고 그런 자신의 상태를 확인하기 위해 이 병원 저 병원 쫓아다닌다.

4 시간이 지나면서 위험한 상황과 그 상황에서 어찌할 줄 모르는 자신을 상상하는 것만으로도 공황발작이 일어난다. 따라서 아예 그런 상황을 생각조차 하지 않으려고 한다. 그 상황을 도저히 버틸 수 없을 것이라는 자신의 믿음이 과연 옳은지 점검해보려 하지 않는다.

5 자신이 미칠지도 모른다는 공포 때문에 남들이 혹시 그 사실을 알게 될까 봐 무척 겁을 낸다. 사람들 앞에서 발작이 일어날까 봐 겁이 나서 점점 사람들을 피한다. 자신의 불안 증상에 대해서는 절대 함구한다.

6 자신의 무능함 때문에 점점 자존감이 떨어지고 우울해진다. 술이나 안정제를 찾게 된다.

7 불안발작 시간은 수 분에서 30분까지 각자 다를 수 있다. 발작이 지나가면 탈진과 우울감이 밀려온다.

실제로 광장공포증을 앓는 사람들은 자신의 비합리적인 생각과 그로 인한 신체 증상 때문에 큰 고통을 겪는다. 이들은 상황과 신체적 반응의 위험성을 과도하게 평가하는 경향이 있다. 불안 발생과 유지를 감정의 ABC에 따라 살펴보면 다음과 같을 것이다.

발생상황

A 상황 **B 씨가 거리에서 사고 현장을 목격한다.**

B 평가: 그녀는 이 사고가 심각하며 자신은 무력하다고 평가하고 위험에 처한 자신의 모습을 상상한다.

C 감정, 신체 반응, 행동: 무섭고 무릎이 후들거리며 어지럽다.

이후 발전된 상황

A 상황 **그녀는 계속해서 목격했던 사고를 떠올린다.**

B 평가: 위험에 처한 자신의 모습을 본다.

C 감정, 신체 반응, 행동: 불안하고 무릎이 후들거리며 어지럽다. 그 장소를 피한다.

그 상황에 처해 있지 않는데도 기억을 통해 자꾸만 신체 증상과 불안을 이끌어낸다. 그 결과 자신의 신체 반응을 겁내게 된다.

A 상황 **어지럽고 무릎이 후들거린다.**

B 평가: 위험에 처한 자신의 모습을 본다.

C 감정, 신체 반응, 행동: 불안이 치솟아서 혼자서는 밖에 나가지 못한다.

광장공포증은 누가 걸리나?

광장공포증은 직업, 교육, 지능과는 아무 상관 없다. 성별에 따른 차이도 없다. 다만 여성의 경우 치료가 더 힘들다. 직업이나 활동이 많지 않은 여성은 외부 강제가 많지 않아서 불안을 극복하는 데 불리하기 때문이다. 광장공포증 환자들은 거의가 신경계 항진을 보인다. 남들보다 자극에 더 격하게 반응하지만 그 대신 공감능력이 뛰어나고 더 창의적이다. 그 결과 일상생활에서도 과한 반응을 보이곤 한다. 첫 발작은 보통 수술, 해고, 이혼, 부부 갈등, 경제 문제, 사고 목격, 가족의 죽음, 아이의 탄생 등 갑작스러운 환경 변화나 스트레스와 결부되어 나타나는 경우가 많다. 하지만 외적인 계기가 전혀 없을 때 나타나는 것도 적지 않다.

겉보기에 강하고 자신감이 넘치지만 남에게 상처를 줄까

봐 자신의 욕구를 참는 사람이 광장공포증에 특히 더 취약하다. 화를 내지 못하지만 속으로는 부글부글 분노가 쌓이는 사람들, 반항하지 못해 속으로 무력감을 느끼는 사람들, 모든 일을 완벽하게 마쳐야 직성이 풀리고 모든 사람에게 다 잘해주고 싶은 사람들, 자유와 독립의 욕망과 예속과 안전의 욕망 사이에서 갈등하는 사람들이 광장공포증에 잘 걸린다. 이런 사람들이 아무래도 스트레스를 많이 느끼기 때문이다. 그러다가 문득 통제가 불가능한 상황에서, 혹은 줄을 서서 기다릴 때처럼 겉보기엔 아무 문제 없어 보이는 상황에서 갑자기 심한 스트레스를 느끼고 폭발하거나 미친 듯 날뛰지 않으면 안 될 것 같은 기분에 사로잡히는 것이다. 또 책임을 맡을까 봐 두렵고 혼자 남겨질까 봐 무서워한다.

광장공포증은 어떻게 유지되나?

특정 상황을 기피한다

미용실이나 마트에는 아예 안 가고, 지하철이나 버스도 절대 타지 않고, 다리를 건너지 않으려고 돌아서 가고, 엘리베이터를 타지 않으려고 1층으로 이사 가는 식이다. 사람들이 많이 모이는 행사장은 아예 발길을 끊고, 무슨 일이 생겼을 때 바로 뛰쳐나오기 힘든 지하식당이나 대형식당은 기피한다. 또 혼자서는 절대 집 밖으로 나오지 않는다.

보조수단이나 도우미를 이용한다

우산이나 유모차, 실버카 등을 이용해 몸을 지탱한다. 친구나 배우자에게 운전을 시키고, 자신은 조수석에 앉으며, 장을 보러 갈 때도 꼭 누군가를 데리고 간다. 극장에선 유사시에 얼른 대피할 수 있게 바깥 줄에 앉는다. 혼자 있지 않으려 친구를 집으로 부르고 만일의 사태에 대비해 휴대전화를 꼭 챙긴다.

약을 먹거나 술을 마셔 마음을 진정시킨다

약이나 술은 진정과 이완 기능이 있으므로 불안을 줄일 수 있다. 하지만 약을 먹지 않으면 다시 불안에 휩싸인다. 또 약물 부작용도 염두에 두어야 한다. 반응력, 기억력, 인지력 감퇴, 구역감, 어지러움, 무감각이 대표적인 부작용이다. 또 비상시를 대비하여 항상 먹을 것을 갖고 다니는 환자들도 많다. 음식을 먹으면 신경이 분산되고 긴장이 풀리기 때문이다.

불안해지면 얼른 그 상황에서 도망친다

위험하다고 생각되는 상황과 억지로 맞닥뜨리더라도 공황 발작이 시작되면 정신없이 도망친다. 그래서 도망치지 않았더라면 예상대로 무서운 일이 일어났을 것이라고 믿게 된다.

신체적 긴장을 피한다

심장이 빨리 뛰고 어지러우며 숨이 가빠질까 봐 무서워 긴장되는 상황을 피한다. 운동을 전혀 안 하고 신체 활동도 중단한다. 그래서 체력은 점점 더 약해지고 약한 신체 자극이나 긴장에도 아주 예민하게 반응한다.

회피의 또 다른 결과들

- 가족이나 친구, 지인에게 완전히 의존하게 된다. 그들 없이는 집 밖으로 한 발자국도 나가지 못하고 장을 볼 때도, 병원에 갈 때도, 은행에 갈 때도 누군가를 대동해야 한다.
- 상대방을 억지로 붙잡는다. 어찌할 줄 모르는 모습을 보

여 상대방이 죄책감 때문에 떠나지 못하게 한다.

- 상대방이 공격적이고 초조해져 갈등이 일어난다. 상대방이 참다 참다 폭발해서 화를 내며 소리친다. "정신 좀 차려." "그러지 마." 애인이 견디다 못해 이별을 선언한다.

- 약, 술, 단것에 중독된다. 만성 불안을 앓는 환자의 절반이상이 약물 중독이다.

- 우울하다. 자신이 정상 생활이 불가능한 무능하고 열등한 인간이라 느낀다.

- 고립이 심해진다. 모임이나 여행, 산책, 영화관람 같은 활동을 하지 못한다.

- 애인이나 친구에게 화가 난다. 그러나 그들이 떠날까 봐무서워 그런 감정을 마음껏 표출하지 못한다.

- 자신에게 화가 난다. 그렇게밖에 행동할 수 없는 자신의무능함이 싫다.

- 주변 사람들에게 신뢰를 잃는다. 자신이 어떨지 알 수 없기 때문에 계획이나 약속을 지키지 못하고 의무와 책임을 회피한다.

- 남들에게 불안을 내색하지 않는다. 불안에 시달린다는사실이 부끄럽기 때문이다.

- 지치고 피곤하다. 무언가를 도모할 의욕이 없다.

- 삶의 폭이 좁아진다. 혼자서는 아무것도 할 수가 없다.

- 일을 할 수 없다. 위험하다고 생각되는 상황이 자꾸만 늘어나기 때문에 결국 직장에 출근할 수 없고 설사 출근한다고 해도 제대로 직장생활을 할 수 없다.

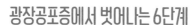

광장공포증에서 벗어나는 6단계

치료의 목표는 이 악순환의 고리를, 부정적 생각, 예기불안, 회피로 이어지는 악순환의 고리를 끊는 것이다. 이제 당신은 자신의 판단이 과연 옳은지 캐묻고 위험하다고 생각되는 상황을 피하지 않는 법을 배울 것이다. 지금껏 피하기만 하던 상황으로 들어가서 보다 적절하게 신체 반응에 대처하며 장기적으로 불안을 만들어내지 않는 법을 배우는 것이다. 광장공포증의 원인을 찾자는 것이 아니라 당신의 그릇된 상황 평가를 수정하자는 것이다.

당신은 겁이 나는 상황으로 들어가서 혹시 모를 공황발작과 불안을 참아야 한다. 절대 못 할 것 같아도 회피와 도피를 멈추어야 한다. 못 할 것 같겠지만 할 수 있다. 수많은 사람들이 이미 걸었던 길이다. 당신 역시 경험하게 될 것이다. 우려하던 상황에서도 기절하거나 심장 발작을 일으키지 않을 것이고, 죽지 않을 것이라는 경험을 말이다. 당신은 불안과 공황발작을 참고 견딜 수 있다. 이미 만반의 준비를 했기 때문이다. 또 설사 공황발작이 일어난다고 해도 미치지 않을 테니 염려마라. 불안하다고 죽진 않는다. 당신은 감정과 신체 반응을 참고 견딜 수 있다. 그렇게 시간이 지나다 보면 증상들이 서서히 줄어들다가 결국엔 사라질 것이다. 내가 보장한다. 신체적 원인 때문이 아니라면 당신도 해낼 수 있다.

불안은 상황 그 자체 때문에 생기는 것이 아니다. 불안은 당신의 머리에서 만들어진 것이다. 이것은 매우 중요한 원칙이다. 실제로 위험하다면 내가 당신에게 그 상황으로 들어가라고 권할 리 없다. 그랬다가는 감옥에 들어갈 테니 말이다. 상황이 위험한 것이 아니라 그 상황에서 한 번 불안발작을 겪었다는 이유로 당신이 그 상황을 위험하다고 보는 것이다. 그날 이후 당신은 그 상황과 불안발작에 대한 공포를 키웠다. 상황과 불안발작은 생명을 위협하는 것이 아니다. 그저 불쾌할 뿐이다. 이제부터 한 단계 한 단계 불안을 극복하는 연습을 시작해보자.

1단계 노트를 장만하여 당신을 불안하게 만드는 것을 모두 다 적어보자. 불안발작을 처음 겪은 이후 기피하게 된 상황을 모조리 적어보되 최대한 구체적으로 적어보자.

예를 들어 K 씨는 이렇게 적었다.

- 엘리베이터를 타고 1층으로 내려가는 것
- 쓰레기 버리러 내려가는 것
- 1층 우체통까지 가는 것
- 슈퍼에 가는 것
- 사람이 많을 때 슈퍼에 들어가는 것
- 줄 서서 기다리는 것

2단계 난이도에 따라 분류해보자.

가볍게 불안을 느끼는 상황을 첫 줄에, 상상만 해도 식은땀이 솟구치는 상황은 마지막에 적는다. 위에서 소개한 M 씨도 난이도에 따라 상황을 나열하였다. 집과의 거리가 멀수록 불안도 더해졌다.

3단계 **이 상황을 모두 감정의 ABC로 정리해보자.**

이 상황에서 당신은 어떤 위험을 예상하는가? 보통 모든 상황에서 상상하는 위험은 동일하기 때문에 상황마다 각각 감정의 ABC를 만들 필요는 없을 것이다.

K 씨는 현관문 밖으로 나가지 못하고, 누군가가 옆에 있어야만 밖으로 나가고 지하철을 탄다. 이런 생각 때문이다. "틀림없이 불안발작을 일으킬 거야. 그럼 벌벌 떠는 나를 보고서 사람들이 미쳤다고 생각할 거야. 너무 싫어."

A 상황 **나는 무엇이 무서운가? 그 상황을 생각하거나 상상만 해도**
　　　　　공포가 느껴지는가?

　B 평가: 나는 그 상황을 어떻게 평가하는가? 그 상황에 대해 어떤 생각

　　　을 했는가? 두려움과 재앙의 시나리오를 하나도 빼놓지 않고 적는다.

　C 감정, 신체 반응, 행동: 나는 어떤 기분이며 몸은 어떻게 반응하는가?

　　　어떤 행동을 하는가?

3단계 활용 사례

A 상황 현관문을 열고 밖으로 나온다.

　　B 평가: 틀림없이 발작을 일으킬 것이다. 이웃들이 나를 보고

　　미쳤다고 생각할 것이다. 너무 싫다.

　　C 감정, 신체 반응, 행동: 불안하고, 심장이 두근거리고, 어지럽

　　고, 식은땀이 나고, 몸이 벌벌 떨린다. 집에서 나가지 않는다.

4단계 아래의 질문을 이용하여 당신의 평가를 점검해보자.

Q 당신이 위험하다고 생각하는 일이 실제로 일어날 것인가?
당신이 위험하다고 생각하는 일이 실제로 생명을 위협하는가?
그렇다면 그 증거는 무엇인가?

Q 당신이 위험하다고 판단한 상황이 실제로 불쾌할 수 있다면,
그 일이 일어날 가능성은 어느 정도인가?

Q 위험하다고 생각하는 사건을 막을 방법이 있는가?

Q 위험하다고 평가한 사건이 실제로 일어날 경우 생존 가능성은
얼마나 있는가?
만일 위험한 일이 일어난다면 어떻게 할 것인가?
당신은 무엇을 할 수 있는가?

Q | 다른 사람도 당신이 위험하다고 생각하는 상황에서
    불안을 느끼거나 그 상황을 기피하는가?

Q | 위험하다고 생각되는 상황을 피한다면 무엇을 잃을 거 같은가?
    직장에서, 인간관계에서, 자존감과 관련해 어떤 손실이 있는가?
    반대로 위험을 무릅쓰고 그 상황으로 들어간다면
    어떤 이득이 있는가?

당신과 가족의 손익계산서를 작성해보자.

4단계 활용 사례

K 씨는 위의 6가지 질문을 통해 자신의 부정적 상상을 점검해보았다.

Q1 | 🅐 불안발작이 일어날지도 모른다. 벌벌 떨다가 사람들 눈에
    띌지도 모를 일이다. 사람들이 나를 미친 사람 취급할지도 모
    르겠다. 지금껏 한 번도 나더러 미쳤다고 말한 사람은 없다. 물
    론 미쳤다고 생각했을지도 모르지만 어쨌든 나는 모르는 일이
    다. 또 설사 불안발작을 일으켜서 벌벌 떠는 나를 사람들이 발
    견하고 미쳤다고 생각한들 뭐 그리 대수겠는가. 그렇다고 죽지
    는 않을 것이다.

Q2 | 🅐 불안발작을 일으켜서 벌벌 떨게 될 수도 있다. 누군가가 나
    를 보고 미쳤다고 생각할 수도 있다. 하지만 그럴 가능성은 낮
    다. 다들 살기 바쁜데 하루 종일 나만 쳐다보고 있는 사람이 어

디 있겠는가? 또 설사 벌벌 떠는 나를 발견한다고 해도 자기 나름대로 해석할 것이다. 몸이 아프다든지, 탈진했다든지, 감기에 걸려 오한이 들었다든지 그렇게 생각할 것이다.

Q3 │ 🔁 긴장을 풀려고 노력하고 불안과 떨림을 인정하면 훨씬 상태가 호전될 것이다.

Q4 │ 🔁 설사 사람들이 덜덜 떠는 날 보고 미쳤다고 생각한다 해도 그 때문에 미치지는 않을 것이다. 그것은 그들의 생각일 뿐이다. 내 몸이 떨리는 것은 불안 때문이며, 불안을 느끼는 건 지극히 인간적인 현상이다. 난 잘 참을 수 있을 것이고 불안한 나를 있는 그대로 받아들일 수 있을 것이다.

Q5 │ 🔁 대부분의 사람들은 그런 상황에서도 아주 편안하다.

Q6 │ 🔁 집 밖을 나가지 않으면 불안하지 않겠지만 소중한 것들을 놓치게 될 것이다. 또 어린아이처럼 누군가에게 의존하며 살게 될 것이다. 그러니 불안해도 용기를 내서 집 밖으로 나가야 한다. 호흡에 집중하고 불안을 인정하면 불안이 찾아왔다가도 지나갈 것이다. 그렇게 차근차근 노력한다면 언젠가 영원히 불안과 작별할 수 있을 것이다.

1단계에서 4단계까지 실천에 옮겼다면 이론적인 점검은 끝났다. 당신의 생각이 상황을 올바르게 평가하지 않는다는 사실을 깨달았을 것이다. 생각이 올바라야 건강한 감정과 신체 반응이 따라온다는 것도 알았을 것이다. 감정은 속이지 않는다. 감정은 항상 진실만을 말한다. 이제 당신은 생각 바꾸기 1단계를 마쳤다. 팔을 걷어붙이고 2단계와 3단계로 나아가보자. 이제부터가 진짜 시작이다.

5단계 **지금껏 피해왔던 상황들 중에서 가장 쉬운 상황을 택한다.**

먼저 점진적 근이완법이나 자발적 긴장해소법을 통해 긴장을 풀고 상상연습을 시작한다. 여기서 우리가 새로 배울 것은 극복상상이다. 다시 말해 두려워하는 상황으로 들어가서 불안에 훌륭하게 대처하는 당신의 모습을 상상하는 것이다. 최대한 긴장을 풀고 나서 당신이 택한 장면을 상상해보자. 상상 속 당신이 그 상황으로 들어간다. 긴장이 느껴지면 자신에게 말하라. "올 줄 알았어. 항상 이 지점쯤에서 나타나잖아. 그래도 생명이 위험하진 않아." 앞서 작성한 대답들을 떠올리며 긴장이 누그러질 때까지 그 상황을 떠올린다. 연습을 자주 할수록 실전에서도 수월할 것이다. 매일 하루 최소 3번씩 10분 동안 연습해보자.

5단계 활용 사례

K 씨는 가장 쉬운 상황으로 현관문을 열고 밖으로 나오는 장면을 택했다. 그리고 자발적 긴장해소법으로 긴장을 푼 후 눈을 감고 아래의 장면을 구체적으로 상상했다.

문 앞에 서 있다. 긴장이 느껴지자 이렇게 생각한다.

'올 줄 알았어. 항상 이 지점쯤에서 나타나잖아. 그래도 생명이 위험하진 않아. 다른 사람들이 지금 내 모습을 보고 미쳤다고 생각하는지 내가 어떻게 알겠어. 설사 그렇다고 해도 내가 진짜 미친 건 아니잖아. 몸이 떨리는 건 불안하기 때문이야. 다른 사람들이 뭐라고 생각하건 상관없어.'

호흡에 집중하자 마음이 안정된다. 나는 문을 열고 밖으로 나온다. 불안을 느끼지 않았던 예전처럼 허리를 쭉 편다.

6단계 불안이 느껴지더라도 두려워하는 상황으로 들어가라.

잊지 마라. 불안은 제일 마지막에 사라진다. 이제 불안은 아무 기능도 하지 못한다. 불안은 이 상황을 위험하다고 판단하던 옛 시절의 유물에 불과하다. 불안의 소리에 귀 기울일 필요 없다. 충분히 점검하여 이 상황이 위험하지 않다는 사실을 당신은 이미 깨달았다. 매일 실전에 임해보자. 앞서 상상연습을 통해 불안을 극복했던 가장 쉬운 상황부터 시작해보자. 강조하고 싶은 점은 매일 실천해야 한다는 것이다. 이틀 연습하고 사흘 하지 않으면 6일째는 다시 이틀 연습했을 때보다 문턱이 높아진다. 시간의 하한선을 정하자. 얼마나 그 상황에 머물 것인지 미리 정하자. 원칙적으로는 오래 있을수록 좋다. 그러면 아무래도 긴장이 완화될 기회가 더 많을 테니까 말이다. 상황에서 빠져나올 때 적게 긴장할수록 다음번에 그 상황에 진입하기가 수월하다.

절대 도망치지 마라. 당신의 목표는 그 상황에 머무르면서 불안에 대응하는 것이다. 신체 반응은 생각의 결과일 뿐이다. 그것이 위험의 표현인 것은 아니다. 당신은 절대 미치지 않을 것이다. 기절해 죽지도 않을 것이다. 그 순간 불안의 감정을 받아들여라. 몇 번 연습하고 나면 서서히 약해지다가 결국 완전히 자취를 감출 것이다. 평생 불안과 싸우지 않아도 된다는 말이다.

불안이 너무 심하거든 도구를 이용해도 좋다. 하지만 절대 도망쳐서는 안 된다. 의자에 앉거나, 벽에 기대거나, 우산을 집고, 백화점이라면 사람이 덜 붐비는 장소로 이동하되 백화점을 나가서는 안 된다. 도망치지 말고 기다려라. 불안에게 시간을 줘라. 그럼 불안은 지나갈 것이다.

광장공포증을 이겨내는 9가지 TIP

TIP 1 **생각 바꾸기의 여러 단계를 기억하라.**

연습할 때마다 불안이 고개를 내밀고서 당신은 못 해낼 것이라 속삭일 것이다. 그러나 당신의 새로운 자세가 당당하게 대응할 것이다. "올 줄 알았어. 네가 아무리 유혹해도 난 끄떡도 하지 않을 거야. 난 참을 수 있어. 호흡에 집중하면 몸도 괜찮아질 거야." 어지럽고 불안하겠지만 다 지나가는 과정일 뿐이다.

TIP 2 **목표는 상황 안으로 들어가는 것이다.**

불안이 완전히 사라지리라는 기대는 아직 섣부르다. 훈련 초기에는 당연히 불안이 찾아올 것이다. 당신이 그동안 자신도 모르게 열심히 불안이 찾아오도록 훈련했으니 말이다. 그러므로 불안을 참으며 불안한 일을 하지 않고서는 절대 불안을 극복할 수 없다. 먼저 불안이 사라지고 나서 불안한 일을 할 수 있다면 얼마나 좋겠는가. 하지만 아직은 그럴 수 없다.

TIP 3 당당하게 대처하라.

공황발작을 대하는 최고의 자세는 공황에게 이렇게 말하는 것이다. "또 왔구나. 그래, 와라. 네가 아무리 괴롭혀도 난 끄떡도 하지 않을 테니까."

TIP 4 안정제나 술은 금물이다.

단기적으로는 진정 효과가 있을 수 있겠지만 중독의 위험이 있다. 약물이나 술은 상황이 위험하다는 생각은 그대로 둔 채 감정만 마비시킬 뿐이다. 그래도 약을 꼭 먹어야 한다면 반드시 의사와 상의해야 한다. 그리고 차츰차츰 복용량을 줄여나가야 한다. 약으로는 절대 원하는 자유를 얻을 수 없다.

TIP 5 연습 전에는 커피나 홍차, 콜라는 삼가라.

각성과 흥분만 더할 뿐이다.

TIP 6 재발은 정상이다.

다시 시작하면 된다. 불안이 잦아들거든 마음먹었던 일을 하라.

재발은 이럴 때 일어난다.

- 연습을 충분히 하지 않아서 새로운 마음가짐이 아직 습관이 되지 않았을 때
- 스트레스나 과로로 몸과 마음이 피곤할 때
- 몸이 안 좋을 때
- 여성의 경우 생리 전에
- 너무 욕심을 내서 힘에 부치는 연습 단계에 도전했을 때

재발했을 때도 전략은 같다. 재발이 절망의 이유가 될 수는 없다. 당신이 가망 없는 케이스라는 증거가 절대 아니니까 말이다.

TIP 7 **연습이 뜻대로 안 되더라도 자신을 탓하지 마라.**

상황을 피하거나 성급하게 도망친 경우가 아니라면 자신을 탓할 이유가 없다. 당신은 평범한 사람이고 인간은 누구나 약점이 있다. 연습 난이도를 한 단계 낮추어 성공했던 단계로 돌아가서 다시 시작해보라. 상상연습을 강화하라.

TIP 8 **주변 사람들에게 자신의 문제를 설명하고 이해를 구하라.**

"나 사실 광장공포증을 앓고 있어. 공포증 중에는 흔한 병이야. 불안이

심하면 도망치고 싶은데 그럴 수가 없으면 기절할 것 같고 어지럽고 그래. 혹시 내가 너랑 같이 있다가 아무 말도 없이 나가버리거든 불안해서 그러는구나 생각하고 이해해주었으면 좋겠어. 열심히 노력하고 있으니까 곧 이겨낼 거야."

TIP 9 심리치료사의 도움을 받아라.

심리치료가 중증 장애나 무능함의 증거라고 생각해서는 안 된다. 심리치료는 불안을 극복하기 위해 노력하는 당신의 손을 잡아주고 힘을 덜어주는 역할을 할 것이다. 최근 들어 대면치료가 광장공포증에 효과가 있다는 사실이 입증되었다. 환자를 의도적으로 심한 공포를 유발하는 상황과 대면시킨다. 5~10일 동안 하루 몇 시간씩 같은 상황과 대면하는 것이다. 물론 그 전에 치료사가 환자에게 앞으로 일어날 일과 대처법을 상세하게 설명해줘야 한다. 이 치료법의 장점은 빠른 진전이다. 자신이 불안을 참을 수 있고, 도망치지 않으면 불안이 줄어든다는 사실을 몸으로 직접 경험하는 것이다.

CHAPTER ⑪
공황장애와 예기불안에 대처하는 법

생명이 위험한 상황이나 신체질환이 없는데도 1달에 최소 4번 이상 공황발작이 일어나거나 공황발작이 또 일어날지도 모른다는 심각한 불안에 지속적으로 시달리는 경우를 공황장애라고 부른다. 앞서도 말했지만 공황발작은 매우 강렬한 불안 반응이기 때문에 심장이 두근거리고, 어지럽고, 땀이 솟는 등 다양한 신체 반응과 생각이 요동치고, 집중이 잘 안 되는 등의 심리적 반응을 동반하며, 매우 다양한 원인이 있을 수 있다.

- 더위, 소음, 냄새

- 코카인, 알코올, 니코틴

- 약물과 마약

- 신체적 긴장

- 특정 신체 자세

- 스트레스를 일으키는 사건(가족의 죽음, 시험, 이혼, 왕따, 해고 등)

- 수면 부족

- 과호흡

- 타고난 불안 성향

- 신체질환

- 기력 쇠진

- 자신의 신체와 심경 변화에 대한 과도한 관찰과 관심
- 낮은 혈압과 그로 인한 혈관 확장
- 균형을 잃기 쉬운 성향

공황장애는 대부분 스트레스 호르몬인 아드레날린과 코르티솔이 일으킨다. 이 호르몬은 우리가 스트레스 상황에 있거나 어떤 상황을 위험하다고 판단할 때 분비된다. 그 결과 혈관이 좁아지고, 혈액 순환이 빨라지고, 호흡이 가빠져 불안을 느끼며, 손이 떨린다. 신체 변화를 매우 예민하게 감지하는 경우 이런 변화가 불안을 일으킬 수 있다. 많은 사람들이 이런 증상이 찾아오면 기절할 것이라고 생각한다. 하지만 이런 반응은 오히려 정신을 더 초롱초롱하게 만든다. 우리 몸이 이런 흥분에 저항하기 때문이다. 그 결과 30분쯤 지나면 다시 균형이 회복되지만 몸은 한동안 무력감과 탈진 상태에 빠진다.

첫 발작으로 신체 변화가 감지되면 환자는 충격에 빠진다. 자신이 겪은 증상을 설명할 수가 없기 때문이다. 따라서 자신감이 떨어지고 자기 몸을 자신이 통제할 수 없는 것 같아서 어찌할 바를 몰라 한다. 환자는 신체 반응을 심각한 신체질환(뇌종양, 심근경색, 뇌졸중)의 증거라고 판단하고 지속적으로 자신

의 몸에 나타나는 증상을 면밀히 관찰하기 시작한다. 하지만 신체 증상을 위험으로 평가함으로써 오히려 불안이 더 심해진다. 또 지속적인 자기 관찰은 조그만 변화에도 예민하게 반응하고 사소한 변화도 위험하다고 평가한다.

환자는 거듭 새로운 전문가를 찾아 나서고 심심찮게 앰뷸런스에 실려 응급실에 실려 가기도 한다. 이 병원 저 병원 전전하며 신체적 원인을 찾고자 애쓰지만 원인을 찾고 싶다는 마음과 진짜 큰 병이면 어쩌나 하는 불안이 공존한다. 의사가 아무 원인도 발견하지 못했다고 하면 의사의 말을 믿지 못하고, 의사가 건강하다고 말하면 자신이 환각에 빠지거나 미친 건 아닌지 불안해한다. 나아가 다시 발작이 찾아올까 봐 걱정한다. 그리고 세상 모든 것을 발작 가능성에 맞추어 분석한다. 하루에도 몇 번씩 혈압을 재고 맥박을 재며 혹시 어지러운 것은 아닌가 살피며 열심히 의학 기사를 읽어댄다. 또 자신의 증상을 어떻게 숨길까 고심하며 혹시 사람들 앞에서 증상이 나타날까 봐 노심초사한다. 공황발작의 경우도 진짜 문제는 공황발작이 아니라 부정적인 평가 때문이다.

K 씨는 오랫동안 공황과 예기불안에 시달렸다. 처음 시작은 고속도로에서였다. 중요한 미팅이 있어서 차를 몰고 가는 중이었는데 갑자기 눈앞이 캄캄해져서 갓길에 차를 세웠다. 도저히 더는 운전을 못 할 것 같았지만 어찌어찌해서 차를 몰고 가 미팅은 무사히 마쳤다. 마침내 집으로 돌아와 차에서 내렸지만 그는 그 후 4년 동안 차를 운전하지 못했다. 고속도로에서 차를 세울 수밖에 없었던 그 상황이 너무너무 겁나고 무서웠던 것이다. "또 그런 일이 일어나면 어쩌지? 그러다 사고라도 나면 큰일이지. 운전은 그만두는 게 좋겠어. 또 운전을 하면 그때처럼 심장마비가 올 거고, 괜히 나 때문에 애꿎은 사람들이 피해를 입을 거야." 그는 자신의 신체 반응이 무서웠다. 그리고 사고를 일으킨 후 어찌할 바를 모르고 갓길에 서있는 자신의 모습을 되풀이해 떠올렸다. 하지만 회사에서 쫓겨날 판이 되자 하는 수 없어 심리치료를 받기 시작했고 그곳에서 호흡법과 스트레스 해소법을 배웠다. 다행히 상태는 차츰 호전되어 다시 운전할 수 있게 되었고 고속도로도 다닐 수 있게 되었다.

예기불안의 악순환

A 상황 환자가 미래의 어떤 상황을 상상하거나 예전에 불안발작을
일으켰던 경험이 있다.

B 평가: 발작이 안 일어나야 할 텐데. 너무 무서워. 못 견딜 거야. 난 못

해. 기절하고 말 거야. 심장이 멈추거나 질식할 거야. 다들 그 꼴을 볼

텐데, 날 미친 인간 취급할 거야.

C 감정, 신체 반응, 행동: 불안해져 공황발작을 일으킨다.

부정적 평가는 예기불안을 일으키는 것에 그치지 않고 공
황발작 가능성을 높여 그 상황을 기피하게 만든다. 환자가 자
신의 신체 변화를 잘못 평가하여 과장할 경우 그 부정적 평가
가 공황발작을 일으키거나 발작의 강도를 더 높일 수도 있다.

B 신체 변화 인지: 심장이 빨리 뛰거나 불규칙적으로 뛴다. 숨이 가쁘고

어지럽다. 가슴이 답답하고 정신이 몽롱하며 땀이 솟구친다.

B 평가: 위험하다. 틀림없이 죽을 것이다. 이러다 기절할 것이다. 미치거

나 숨이 막혀 죽을 것이다. 사람들이 그 꼴을 볼 텐데, 너무 창피하다.

C 감정, 신체 반응, 행동: 불안이 더 심해지고, 공황이 찾아오며, 신체 반
응도 더 심해지고, 과호흡이 온다. 119에 전화를 하거나 병원으로 달
려간다.

때로 과호흡이 동반될 때도 있다. 그럼 환자는 숨을 얕게
빨리 몰아쉬거나 너무 깊게 쉬어 그로 인해 이산화탄소가 너
무 많이 배출돼 혈액 구성이 달라진다. 그러면 혈액이 충분한
산소를 공급받지 못해 산소가 부족해지고 몸의 동작이 제대
로 조절되지 않는다. 그 결과 몸이 가렵고, 손과 발이 마비되
고, 심장이 벌렁거리고, 구토가 나고, 일시적으로 앞이 안 보
이며, 어지럽고, 기운이 없고, 정신이 혼미하며, 숨이 차고, 호
흡이 곤란하고, 땀이 솟구치고, 몸이 떨리고, 근육에 경련이 오
며, 침을 삼키기 힘들고, 목이 메고, 속이 울렁거리며, 배가 아
프다. 이런 증상은 다시금 불안과 공황을 강화한다. 이럴 땐
복식호흡이 가장 효과적인 대처법이다.

일반적으로 사람들은 갑자기 들이닥친 이런 신체 반응들
과 불안을 두려워한다. 심장이 멈춰 죽을지도 모른다고 무서
워하고, 미쳐서 정신병원에 감금될까 봐 겁을 내며, 스스로 자
제를 못 하고 날뛰며 고함을 질러댈까 봐 두려워한다. 하지만

미친 것도, 병이 든 것도 아니다. 그 모든 증상은 미쳐서가 아니라 일어날 수도 있는 위험에 너무 골몰하다 보니 집중력이 힘을 발휘할 수가 없기 때문이다.

이 경우 90퍼센트는 절대 우려하던 상황이 발생하지 않는다. 의식을 잃고 길거리에 쓰러지지도, 미친 듯 비명을 지르지도 않는다. 환자가 실제로 나쁜 일을 당할 가능성은 불안을 느끼지 않는 사람들보다 별로 많지 않다. 하지만 계속해서 그런 장면을 상상하니 몸에서 스트레스 반응이 일어날 수밖에 없는 것이다.

공황과 예기불안에 대처하는 12단계

1단계 불안이 예상돼도 담담하게 맞서라.

"그래, 너 또 올 줄 알았어. 괜찮아. 곧 사라질 테니까. 위험은 없어. 이완훈련으로 호흡에 집중하면 만사 오케이야."

2단계 당신의 위험 평가를 점검한다.

심장마비, 뇌졸중, 졸도 위험이 높다는 증거가 무엇인가?

암에 걸렸다는 증거가 있는가? 의사가 지난번에 뭐라고 말했던가? 아무 이상 없다고 하지 않았는가.

J 씨는 심장이 심하게 뛰자 심장마비가 오는 것이라고 생각한다. 하지만 가만히 생각해보다가 오늘 아침에 커피를 두 잔이나 마셨다는 사실을 깨닫는다. 게다가 내일 있을 회사 워크숍 걱정에 마음이 편치 않다. 어제부터 혹시 거기 가서 졸도라도 하면 어쩌나 그 생각만 하고 있다. J 씨는 마음을 다잡고 자신에게 속삭인다. "그렇게 부정적인 생각을 하니까 심장이 뛰는 거야. 워크숍이 걱정되는 심정은 알겠지만 미리 걱정할 이유는 없잖아. 마음 편히 먹고 내일 잘해서 칭찬받을 궁리나 해보자."

3단계 공황과 싸우지 마라.

공황이 찾아오는 것은 당신의 오랜 습관 탓이며 당신이 스트레스를 받고 있다는 신호다. 공황은 오래전부터 알고 지내던 지인인 셈이다. 괜찮다고 자신을 다독이자.

4단계 호흡에 집중한다.

자발적 긴장해소법으로 긴장을 푼다. 호흡을 멈추고 1,001에서 1,006까지 센다. 숫자를 세면서 호흡에 집중한다. 몸 곳곳에 산소가 공급될 것이기 때문에 마음도 편안해질 것이다.

5단계 의식을 주변으로 향하게 해 관심을 딴 곳으로 돌린다.

무슨 소리가 들리는가? 무슨 소리가 나고 무슨 냄새가 나는가? 오늘 아직 처리하지 않은 일이 있는가? 고민을 멈추고 노래를 흥얼거려보자. 관심을 딴 곳으로 돌리면 몸도 다시 안정될 것이다.

6단계 자세를 점검한다.

혹시 긴장된 자세를 취하고 있지 않은지 살펴보자. 어려운 문제를 해결한 후 자신이 자랑스러웠던 적이 있는가? 그 순간 당신은 어떤 자세를 취했는가? 머리를 어떻게 하고 눈은 어디를 보고 있었는가?

7단계 기억하라. 몸이 긴장하면 혈관을 수축시켜 혼절을 예방한다.

심지어 혈액을 신체의 중요한 근육으로 펌프질해주기 때문에 능률을 높인다.

8단계 몸을 움직여라.

운동을 하자. 몸을 움직이면 긴장이 풀리고 스트레스 호르몬이 감소한다.

9단계 긍정적 상상연습을 하자.

당신이 어떤 상황에서 공황발작을 일으킨다는 상상을 하면 불안해질 수밖에 없다. 그리고 그런 상상은 실제 그런 상황이 닥쳤을 때 공황발작으로 반응하게끔 자신을 채찍질하는 훈련과 다름없다. 따라서 상상을 긍정적인 내용으로 바꾸어 당신이 생각하고 느끼고 행동하고 싶은 내용을 상상 속 화면으로 불러내 보자.

자세의 수정

불안한 상황을 상상하면서 자신에게 말하라. "좀 신경이 곤두서고 어지러운 것 같아. 그래도 그동안 배운 이완법으로 긴

장을 풀고 나면 곤두선 신경도 가라앉을 거야. 내 감정은 내가
조절할 수 있어."

상상의 수정

발작 신호가 찾아온다는 상상을 하면서 자신에게 말하라.
"시작되는구나. 괜찮아. 지나갈 거야. 복식호흡을 하고 자세를
바꾸면 괜찮아질 거야." 그리고 복식호흡을 하고 긴장을 푸는
자신의 모습을 상상한다. 이 상상연습을 최소 하루 3번 10분
씩 반복한다. 특히 부정적인 상상이 떠오를 때는 즉각 이 연습
으로 상상의 내용을 바꾸자.

10단계 "스톱"을 외친다.

불안한 상황이나 부정적인 생각이 떠오르면 즉시 "스톱"이
라고 외치며 생각을 중단할 것을 명령한다. 그런 다음 "조용"
이라고 속으로 말한 후 근육의 긴장을 풀고 즐거운 상황이나
중립적인 상황을 떠올린다. 그래도 부정적인 상상이 멈추지
않거든 "스톱"이라고 외치면서 탁자를 치거나 손뼉을 친다. 반
드시 불안하다는 상상에서 빠져나와야 한다.

생각 스톱의 순서는 다음과 같다.

불안하다는 생각이나 상상 → 스톱 → 조용 →
긴장 완화 → 중립적이거나 긍정적인 상상

불안하다는 생각이 들 때마다 즉시 "스톱"을 외쳐야 한다.

11단계 부정적인 생각을 중단시켜라.

불안하다는 생각이 들고 몸이 긴장되면 바닥에 앉아 양발을 바닥에 대고 손바닥을 허벅지에 올린다. 오른손 검지로 오른쪽 허벅지를 한 번 톡 치고 왼쪽 검지로 왼쪽 허벅지를 톡 친다. 1초당 약 2번씩 번갈아 가면서 허벅지를 친다. 허벅지를 번갈아 가며 치는 동안 계속해서 부정적인 생각과 감정에 집중한다. 약 3분가량 이 동작을 계속한다. 그런 다음 긴장이 풀렸는지, 부정적인 생각이 변했는지 살핀다. 아직 그대로라면 다시 3분 동안 같은 동작을 되풀이한다.

12단계 인생에 백 퍼센트 안전한 것은 없다는 것을 인정하라.

의사가 병을 다 고쳐줄 수는 없다. 그러니 병원을 두세 군데 다녔는데도 특이사항이 없다면 이제 그만 인정하자. 병원을 전전하며 쓸데없이 걱정하지 말고 인생을 즐기고 건강을

지키기 위해 최선을 다하자. 건강에 좋은 음식을 먹고, 규칙적
으로 운동하며, 스트레스를 해소하는 것이 건강을 지키는 지
름길이다.

CHAPTER ⑫

대상과 장소에 대한
공포에서 벗어나는 법

공포증 환자가 무서워하는 것은 특정 대상이나 사건 그 자체
가 아니라 특정 상황에 처해 있거나 특정 대상과 접촉함으로
써 발생한 결과 때문이다. 대부분 자신의 불안이 무의미하며
근거가 없다는 사실을 잘 알지만 그럼에도 그 무의미한 불안
을 떨쳐낼 수가 없다. 논리로는 공포증을 무찌를 수 없기 때문
에 환자는 어떻게든 불안을 일으키는 상황들을 회피하려 한다.
생각과 상상은 오직 거기에만 집중되어 있다. 그래서 위험 신
호를 제때 알아차리기 위해서는 많은 시간을 투자해야 한다.

　항상 불안을 피하기 위해 만반의 태세가 되어 있다. 하지만
불행하게도 그런 식의 대응은 지속적인 긴장만 낳을 뿐이다.
심지어 불안을 극복하기 위해 강박적인 행동 방식을 택하는
사람도 있다. 가스 밸브를 잠갔는지, 문이 잘 잠겼는지 수도
없이 확인하고, 하루 종일 손을 씻어대고, 무슨 문제가 생기지
않았는지 가족이나 친구에게 계속 물어본다.

　대상과 장소에 대한 공포는 광장공포보다 훨씬 구체적이
다. 따라서 상황을 회피하기도 더 쉽다. 때문에 완전히 속수무
책으로 당하지만은 않는다. 위험 상황에서 멀어지면 "진짜 위
험은 없어"라고 생각하지만 다시 그 상황에 가까워지면 언제
그랬냐는 듯 "위험하다"는 확신을 갖게 된다. 극단적인 경우에

는 그 상황을 생각하기만 해도 불안이 솟구칠 수 있다. 불안 그 자체는 비합리적이지 않다. 실제로 위험은 늘 존재하니까 말이다. 하지만 위험이 일어날 가능성이 없는데도 불안에 떠는 것은 문제다.

장소에 대한 공포

고소공포

고층 건물의 높은 층이나 산 정상에 오르면 불안이 솟구친다. 환자는 건물이 무너지거나 아래로 떨어져서 심하게 다치거나 죽는다는 상상을 한다. 때로는 몸을 가누지 못해 추락하는 자신을 상상하기도 한다. 어지러움이 너무 심해서 세상이 비현실적으로 느껴지고 바닥이 꺼지는 것 같은 기분이 든다. 높은 곳을 피하면 공포도 사라진다.

폐소공포(큰 방, 작은 방, 닫힌 방에 대한 공포)

폐소공포는 다양한 형태로 나타나고 매우 흔한 증상 중 하나다. 사람에 따라 지하철, 엘리베이터, 자동차, 극장, 닫힌 공간을 피하는 경우가 있다. 그 공간에 갇혀서 나올 수 없거나 넘어질 거라는 상상을 한다. 창문이 없는 공간이나 문이 닫힌 방에선 특히 불안이 심해진다. 가슴이 답답하고 질식할 것 같다.

엘리베이터 공포

엘리베이터에 갇혀서 굶어 죽거나 아래로 추락할 것 같아서 무섭다. 공기가 부족해서 질식할 것이라는 생각도 든다. 또 같이 탄 사람들이 무섭고, 상태가 안 좋아졌을 때 그들이 자신을 내버려 둘까 봐 겁이 난다. 심한 경우 직장이나 집을 구할 때, 친구를 선택할 때도 엘리베이터 유무가 기준이 된다. 원인은 고소공포와 폐소공포 때문이다.

다리 공포

다리에서 떨어지거나 다리 위에서 꼼짝도 하지 못할 것이라고 상상한다. 또 다리가 무너지거나 난간에서 추락할지도 모른다고 생각한다.

터널 공포

터널에서 빠져나오지 못하거나 터널이 무너져서 질식사하거나 터널 안에서 몸이 아픈데 도와줄 사람이 오지 않는다는 상상을 한다. 터널을 지날 때 숨이 가빠지는 경우가 많다.

비행 공포

비행기가 추락하거나 비행기 안에 공기가 모자라서 질식사하거나 구토를 해서 다른 승객들 앞에서 창피를 당할까 봐 겁을 낸다. 비행기가 공중에서 폭파되거나 엔진이 멈추고, 날개가 부러져서 비행기와 함께 추락할지도 모른다고 생각한다.

자동차, 버스, 지하철 공포

자동차를 타고 가다가 상태가 안 좋아지면 멈출 수도 없고 계속 갈 수도 없다. 그럼 어떻게 하나 겁이 난다. 또 시내에 나갔다가 길을 잃어 집에 돌아오지 못할까 봐 겁이 난다. 버스와 지하철의 경우 타고 가다가 상태가 안 좋아져서 기절을 하고 사람들이 어쩔 줄 몰라 하며 빤히 쳐다볼 거라는 상상을 한다. 실제로 그런 나쁜 경험을 했거나 그런 기사를 읽은 뒤로 공포증이 나타나는 경우가 많다.

집에 혼자 남아 있는 공포

혼자 집에 있다가 무슨 일이 일어나면 어떡하나 겁이 난다. 도둑이 들거나 갑자기 심장마비가 일어날까 봐 무섭다.

깊은 물/수영 공포

갑자기 정신을 잃고 물에 떠내려가는데 도와줄 사람이 아무도 없는 상황을 상상한다. 물에 빠져 고통스럽게 허우적거리는 자신을 떠올린다.

교회, 극장 공포

사람이 많이 모인 장소에서 쓰러지거나 비명을 지르른 등 사람들의 이목을 끄는 행동을 할게 될까 봐 겁을 낸다. 상태가 안 좋아져서 몰래 밖으로 빠져나오고 싶지만 사람들이 볼까 무서워 어쩌지 못하는 상황도 겁이 난다.

대상과 사건에 대한 공포

의사나 병원 치료에 대한 공포

자신은 고통으로 몸부림치는데 의사는 태연하게 치료하는 장면을 상상한다. 실제로 병원에서 불쾌한 경험을 한 이후 이런 공포를 느끼는 경우가 많다.

질병(에이즈, 암, 심근경색 등)에 대한 공포

병에 걸려 고통스럽게 생을 마감하는 자신을 상상한다. 부고란을 뒤져 자기 나이 또래의 사망자를 찾고, 온갖 의학 기사를 섭렵하며, 지인들에게 혹시 병이 있는지 물어본다. 나쁜 결말로 끝을 맺는 정보를 찾아다닌다. 자신의 신체 변화에 촉각을 곤두세우고 조금만 이상이 있어도 바로 병원을 찾는다. 병원에서 아무 이상이 없다는 진단을 받아도 포기하지 않고 이병원 저 병원 전전한다. 건강염려증과 달리 특정한 질병에 걸렸다고 믿는다.

동물(고양이, 개, 거미, 새, 벌레, 벌, 달팽이, 뱀 등)에 대한 공포

이 공포증은 대부분 어린 시절의 안 좋은 경험이 원인이다.

모든 사람들은 어린 시절 동물을 무서워하는 단계를 거친다. 그렇지만 대부분 어린 시절에 이미 그에 대한 공포를 극복한다. 청소년 시절까지는 남녀의 동물 공포 비율이 동일하지만 성인이 되면 대부분 여성에게만 공포가 남아 있는 경우가 많다. 동물 공포증 성인 환자는 동물과 접촉하면 생존할 수 없고 동물에게 습격당할 것이라는 상상을 한다. 동물을 위험과 결부시킨다. 동물 이름을 듣거나 그림만 보아도 공포를 느끼는 경우도 많다. 따라서 대부분이 해당 동물을 기피한다. 새의 경우 새가 날개를 퍼덕이거나 새의 깃털을 보거나 새소리만 들려도 공포를 느낀다.

천둥번개, 어두움, 불, 태양에 대한 공포

이런 공포증은 천둥번개, 어두움, 불, 태양이 위험하다는 생각 때문에 생긴다. 위험 상황이 닥치면 살아남을 수 없다고 겁을 내기 때문이다.

죽음에 대한 공포

죽음에 대한 공포는 다양한 상상으로 가능하다.

- 갑작스러운 죽음을 상상한다.
- 병이 들어 고통스럽고 추하게 죽는다는 상상을 한다.
- 임종이 고통스러울 것이라고 상상한다.
- 죽음은 고통스러울 것이라고 상상한다.

안전하기를 바라는 비현실적 욕망이 동반되는 경우가 많다. 그래서 걱정을 하면 죽음을 막을 수 있고 걱정을 안 하면 죽을 것이라고 생각한다. 죽는 것이 부당하다고 생각하는 사람들도 있다.

그 밖의 다른 공포증

- 통증과 세균에 대한 공포
- 시끄러운 소리에 대한 공포
- 사고 공포

다중 공포증

여러 종류의 대상이나 상황을 동시에 무서워하는 경우를 다중 공포증이라고 부른다. 언뜻 보기에는 서로 연관성이 없어 보이는 여러 종류에 대해 공포증을 앓는 사람들이 있다. 하지만 가만히 들여다보면 공통점을 찾을 수 있다. 예를 들어 G 씨는 엘리베이터와 지하철, 행사, 장보기를 무서워한다. 공통점을 찾아보면 사람이 많은 곳에서 몸을 가누지 못하고 쓰러질까 봐 겁을 내는 것이다. M 씨는 운전과 전화를 겁낸다. 책임지는 일이 두려운 것이다. L 씨는 갇혀서 얼른 빠져나오지 못하는 상황을 겁낸다. 상담해본 결과 그는 결혼을 하면 가정에 대한 책임감으로 아무것도 할 수 없을 것이라고 생각했다.

공포증 뒤편에는 자기 몸을 가누지 못하거나 난처한 상황에 빠지거나 거부를 당하거나 자제력을 잃고서 남에게 폐를 끼칠지도 모른다는 걱정이 숨어 있는 경우가 많다.

지금껏 설명한 공포증들은 원인이 다양하다. 그중 몇 가지를 소개해보면 다음과 같다.

- 한 번의 사건이 트라우마가 되어 비슷한 상황을 맞닥뜨릴 때마다 불안을 느낀다.
- 과도한 부담과 해결되지 않는 갈등이 심한 스트레스를 유발하여 처음 불안이 발생하고, 그 후 서서히 불안이 쌓이다가 터진다.
- 나쁜 소식을 들었거나 나쁜 일이 일어날 것이라는 상상을 한다.
- 어린 시절의 공포를 미처 극복하지 못했다.
- 나쁜 일을 경험한 후 별일 아닌 일도 그 경험과 결부시킨다. 예를 들어 B 씨는 남편이 여자 친구와 카페에 있는 모습을 본 후로 카페만 가면 마음이 불안하다.

실제로 나쁜 일을 경험한 적이 있다면, 실제로 혼절을 하거나 교통사고를 당하거나 폭발 사고를 경험한 적이 있다면 보통은 사고 후 약 2주가 지난 후부터 불안을 의식하게 된다. 처음에는 가벼운 증상으로 시작되지만 같은 상황이 닥치거나 그 사건을 떠올릴 때마다 증상은 점점 심해진다. 이런 불안증에 대한 반응으로 당사자는 기피나 도주 전략을 택하게 되고 그 결과 악순환이 시작된다. 그때의 상황을 자꾸만 떠올리고, 그릴 때마다 위험하다는 평가 때문에 불안이 생겨난다. 그럼 그 불안반응에 다시 마음이 심란해지고 불안은 점점 더 심해진다.

일단 한 번 생긴 불안이 루틴이 되어버리면 제아무리 자책을 하고 호소를 해도 소용이 없다. 불안은 머리가 나빠서 생기는 것이 아니다. 불안은 당신이 만든 '생각 프로그램'과 그것이 몸과 마음에 미치는 영향 탓이다.

공포증에서 벗어나기 위한 5단계

특히 특정 대상을 무서워하는 공포증의 경우 기피 행동을 멈추고 무서워하는 대상에 접근할 수 있게 되는 것이 우리의 목표다. 설사 자신이나 다른 사람이 나쁜 경험을 해서 절대 그런 상황에 들어가지 않겠다고 결심했다고 해도 마찬가지다. 그런 결심으로 인해 당신은 지금껏 수많은 기회를 놓쳤다. 그 상황이 위험하지 않다는 사실을 깨달을 수 있는 기회를 놓치고 말았다. 이제는 불쾌해도 차츰차츰 그 상황에 접근하는 법을 배워야 한다. 이제부터 공포에서 해방되는 효과적인 전략을 소개할 것이다. 우리의 목표는 공포에서 벗어나는 것이다.

1단계 노트를 장만하여 당신을 불안하게 만드는 것을 모두 다
적어보자.

여러 가지 상황 또는 대상이 불안을 일으킨다면 그것들의
공통점을 찾고, 그 불안 요소들이 당신의 삶에서 얼마나 중요
한지, 얼마나 당신의 삶을 제약하는지 정리해보자.

2단계 이 상황을 모두 감정의 ABC로 정리해보자.

A 상황 나는 무엇이 무서운가? 어떤 상황이, 어떤 대상이 두려운가?
동물이라면 크기, 색깔까지, 물건이라면 크기, 장소까지,
사람이라면 숫자와 그들과 무엇을 하고 있는지
최대한 자세하게 적는다. 그 상황을 생각하거나 상상만 해도
공포가 느껴지는가?

B 평가: 나는 그 상황 혹은 그것을 어떻게 평가하는가? 나는 그 상황에
대해 어떤 생각을 하는가? 모든 공포와 재난의 시나리오를 하나도 빼
놓지 않고 적는다.

C 감정, 신체 반응, 행동: 나는 어떤 기분이며 나의 몸은 어떻게 반응하
는가? 어떤 행동을 하는가?

L 씨는 터널을 무서워한다. 그래서 다음과 같이 감정의 ABC를 적었다.

A 상황 2미터 앞에 터널이 있다는 표지판을 본다.

B 평가: 터널에 들어가면 살아나오지 못할 것이다. 터널 안에서 질식해 죽을 것이다.

C 감정, 신체 반응, 행동: 불안하고, 심장이 두근거리고, 어지럽고, 식은 땀이 나서 터널을 피한다. 50킬로미터를 돌아가더라도 터널만 피할 수 있다면 상관없다.

3단계 아래의 질문을 이용하여 당신의 평가를 점검해보자.

Q │ 당신이 위험하다고 생각하는 일이 실제로 일어날 것인가?
당신이 위험하다고 생각하는 일이 실제로 생명을 위협하는가?
그렇다면 그 증거는 무엇인가?

Q │ 당신이 위험하다고 판단한 상황이 실제로 불쾌할 수 있다면,
그 일이 일어날 가능성은 어느 정도인가?

Q │ 위험하다고 생각하는 사건을 막을 방법이 있는가?

Q │ 위험하다고 평가한 사건이 실제로 일어날 경우
생존 가능성은 얼마나 있는가?
만일 위험한 일이 일어난다면 어떻게 할 것인가?
당신은 무엇을 할 수 있는가

Q | 다른 사람도 당신이 위험하다고 생각하는 상황에서
불안을 느끼거나 그 상황을 기피하는가?

Q | 위험하다고 생각되는 상황을 피한다면 무엇을 잃을 거 같은가?
직장에서, 인간관계에서, 자존감과 관련해 어떤 손실이 있는가?
반대로 위험을 무릅쓰고 그 상황으로 들어간다면
어떤 이득이 있는가?

당신과 가족의 손익계산서를 작성해보자.

3단계 활용 사례

L 씨는 위의 6가지 질문을 통해 자신의 부정적 상상을 점검해보았다.

Q1 | 🅐 터널에 들어가면 살아나오지 못할 것이라는 내 생각은 사
실일까? 실제로 그런 일이 일어날지 나는 알 수 없다. 미래는
알 수 없는 법이다. 어쨌든 지금 이 순간 나는 건강하다. 물론
숨이 좀 막힐 수는 있겠지만 그렇다고 해서 꼭 죽는다는 보장
은 없다.

Q2 | 🅐 터널이 무너져서 그곳에 갇혀 있다 죽을 수도 있다. 벌에
쏘여서 알레르기 반응을 일으켜서 질식사할 수도 있는 일이니
까 말이다. 하지만 둘 다 가능성은 희박하다. 예전에는 나도 터
널을 잘 지나다녔다. 또 매일 수많은 사람이 아무 일 없이 터널
을 지나다닌다. 그러니까 나만 질식해 죽을 가능성은 매우 희

박하다.

Q3 | 📄 규칙적으로 호흡하는 연습을 꾸준히 하면 위험도 줄어들 것이다.

Q4 | 📄 설사 질식해서 죽는다 한들 내가 할 수 있는 일은 없다.

Q5 | 📄 얼마나 많은 사람이 터널을 무서워하는지 나는 모른다. 무 서워도 꼭 참고 터널을 지나는 사람이 얼마나 되는지도 나는 모른다.

Q6 | 📄 터널을 안 지나가려면 시간도 오래 걸리고 에너지도 많이 든다. 또 나 자신이 한심해 보일 것이다. 하지만 터널을 지나가 면 불안을 극복한 자신이 자랑스러울 것이다.

생각 바꾸기 1단계가 끝났다. 이제 당신은 왜 자신이 공포 를 느낄 수밖에 없는지, 공포를 느끼지 않으려면 어떻게 해야 하는지 알았다. 하지만 아직 감정은 그대로여서 여전히 그 상 황이 위험하다고 우긴다. 그러므로 여기서 멈추지 말고 생각 바꾸기 2단계로 나아가서 상상연습과 실전 훈련에 돌입해야 한다.

4단계 점진적 근이완법이나 자발적 긴장해소법으로
긴장을 푼 후 상상연습을 시작한다.

새로운 생각에 맞게 행동하는 자신을 머릿속으로 상상한
다(극복상상). 예상했던 대로 불안반응이 나타나겠지만 다르게
대처하는 자신의 모습을 상상한다. 이렇게 말하는 자신의 모
습을 상상한다. "그래, 불안이 올 줄 알았어. 내가 나쁜 상상을
했으니 당연히 불안이 나타나겠지. 하지만 이번에는 달라. 나
는 조용히 호흡하면서 새로운 생각을 할 거야." 그리고 불안이
누그러들 때까지 앞서 작성한 질문의 대답들을 떠올린다.

4단계 활용 사례

L 씨는 다음과 같은 상상연습을 한다.
그는 점진적 근이완법으로 긴장을 풀고 최대한 구체적으로 상상을 한다.
자동차를 타고 달리다가 2미터 앞에 터널이 있다는 표지판을 본다.
심장이 두근거리고 식은땀이 나기 시작한다. 그는 마음을 다독이며
말한다.
"이런 반응은 당연한 거야. 하지만 호흡 연습을 하면 심장이 두근거리
는 것도 진정될 거야. 터널에서 질식사할 가능성은 없어. 매일 수 천
명이 터널을 지나다니는데 아무 이상 없잖아. 또 나는 튼튼해. 호흡에
집중해 긴장을 풀면 무사히 터널을 지날 수 있을 거야."

5단계 불안이 찾아오더라도 참고 실전에 돌입한다.

실전은 상상연습을 통해 불안을 극복한 상황에서 시작해
야 한다. 처음에는 불안하겠지만 참고 시작해야 한다. 불안하
더라도 꾹 참고 그 상황으로 들어가 보자. 불안이 너무 심하다
면 단계별로 나누어 한 걸음씩 나아갈 수도 있다. 다리 공포증
이 있다면 작은 다리에서부터 시작하고, 고소공포증이 있다면
1층에서부터 시작한다. 그 상황에 머무르는 시간을 조절할 수
도 있다. 어쨌든 가장 쉬운 단계서부터 시작한다. 단, 불안이
완전히 사라질 때까지 그 상황에 머물러 있어야 한다. 불안이
치밀어 오르면 자발적 긴장해소법과 새로운 생각으로 맞서며
견뎌보자.

공포에 대처하는 8가지 TIP

TIP 1 **불안을 예상하라.**

불안이 찾아오는 것은 당연하다. 그 상황이 되면 혹은 그 상황을 떠올릴 때면 찾아오라고 당신이 그동안 꾸준히 교육시켰기 때문이다. 그러니 불안이 찾아온다는 사실을 불안해할 필요는 없다.

TIP 2 **당당하고 자신 있는 자세를 취하라.**

상황은 이제 당신 손아귀에 달려 있다. 당신은 올바른 자세와 호흡과 이완과 생각을 통해 당신의 감정을 조절할 수 있다.

TIP 3 **복식호흡과 자발적 긴장해소법을 활용하라.**

천천히 숨을 쉬는 것만으로도 불안은 벌써 당신에게서 한 발짝 물러날 것이다.

TIP 4 **불안이 솟구치거든 관심을 딴 곳으로 돌려라.**

다른 사람들은 뭘 하는지 쳐다보고, 지나가는 차를 구경하고, 냄새나 소리에 집중하라. 즐거운 상상을 하는 것도 좋은 방법이다.

TIP 5 "스톱"을 외친다.

불안한 상황이나 부정적인 생각이 떠오르면 즉시 "스톱"이라고 외치고 부정적인 상상에서 빠져나와야 한다.

TIP 6 친구나 가족에게 도움을 청하라.

친구나 가족이 힘들 때 용기를 주고 혼자 갈 수 없을 때 곁을 지켜줄 수는 있지만 결국 목표는 당신 혼자서 그 상황 속으로 들어가는 것이다.

TIP 7 사람들에게 당신이 공포를 느낀다고 이야기하라.

특정 상황에서 당신이 공포를 느끼고 있으나 극복하기 위해 노력하고 있다고 털어놓아라. 그런 고백을 듣고서 이해와 도움의 손길을 내밀지 않을 사람은 거의 없다.

TIP 8 재발을 예상하라.

제법 호전된 것 같다가도 문득 예전처럼 불안이 엄습하여 자기도 모르게 상황을 기피하게 된다. 그래도 괜찮다. 다시 시작하면 된다.

사회공포증(대인기피증)에서
벗어나는 법

사례 ❸

A 씨, 35세 미혼 여성

되짚어보면 어릴 때부터 내성적이었던 것 같아요. 어릴 때도 주목받는 게 싫었어요. 기억나는 최악의 상황은 9살 때였는데 할머니가 환갑이셔서 친척들이 모여 다 같이 식사를 했어요. 누가 저더러 노래를 부르라고 시켰는데 제가 계속 쭈뼛거리다가 앙 하고 울음을 터트리고 말았어요. 그러자 다들 와하하 웃음을 터트렸죠. 창피해서 죽을 것 같았는데 엄마가 절 다독이면서 괜찮다고 꼭 안아주셨어요. 근데 저는 그게 더 창피했어요. 그날 이후 누구 생일이거나 남들 앞에 나가서 발표해야 될 상황이 되면 실제로 몸이 아파요. 생일파티는 생각만 해도 오줌 쌀 것 같고요. 게다가 잠을 잘 못 자고 집중할 수도 없어요. 제 직업이 보험설계사라서 더 문제가 되는 것 같아요. 미팅 때도 저만 입을 꾹 다물고 있죠. 당연히 실적도 좋지 않아요. 혼자 조용히 살 수 있으면 좋으련만 돈을 벌어야 하니 그러지도 못하고, 너무 힘이 들어요. 지금껏 결혼 못 한 것도 공포증 때문인 것 같아요. 어떤 남자가 저한테 관심 있다는 말을 들으면 얼굴이 빨개져서 도망 다니기 바쁘거든요. 그러니 무슨 연애를 하겠어요. 전 아마 이대로 살다 처녀로 늙어 죽을 거예요.

A 씨는 사회공포증을 앓는 환자다. 그녀는 창피한 일, 부끄러운 일, 난감한 일이 일어날 거라는 공포에 시달린다. 또 다른 사람들이 그녀를 무시하고 거부할까 봐 겁낸다. 그래서 위험하다고 생각되는 상황을 기피한다.

사회공포증은 모든 공포증이 그렇듯이 신체 증상을 동반한다. 나쁜 경험이 원인인 경우도 많다. 나쁜 경험을 두 번 다시 되풀이하고 싶지 않기 때문에 피하기 시작하고, 그로 인해 공포는 자꾸 확산된다. 재난의 시나리오는 자신의 행동과 남들의 반응을 맴돌며 반복된다.

"난 실패할 거야."

"더듬거리고 얼굴이 빨개지고 사지를 떨다가 말문이 막힐 거야."

"쓰러질 거야."

"아무도 날 좋아하지 않아."

"날 바보 취급할 거야."

"날 비웃을 거야."

다른 공포증이 그렇듯 사회공포증 역시 특정 사건 그 자체가 아니라 그 사건에 대한 부정적 상상과 평가가 원인이다. 사회공포증의 경우 인기가 있느냐 없느냐, 인정을 받느냐 거부를 당하느냐, 존중받느냐 비웃음당하느냐가 관심의 초점이다. 부정적 자기평가로 인해 생겨난 불쾌한 감정 때문에 환자는 남들이 자신을 멍청하고 무능하며 허약한 인간으로 생각할까봐, 또 그로 인해 남들이 자신을 싫어할까 봐 겁낸다.

자신의 불안을 남들이 눈치챌까 봐 불안하다

많은 환자들이 자신의 불안을 남들이 알까 봐, 그에 대해 부정적으로 반응할까 봐 겁낸다. 어떨 때는 그 공포가 너무 심해서 빨개진 얼굴과 떨리는 몸을 남들에게 발각당하느니 차라리 위염이나 장염에 걸리는 것이 낫다고 생각할 정도다. 속이 아픈건 남들이 모르지만 얼굴이 빨개지거나 몸이 떨리는 건 누가봐도 알 수 있으니까 말이다.

　이런 사회공포증을 감정의 ABC에 맞추어 살펴보면 이런 모습일 것이다.

A 상황 얼굴이 빨개지고 사지가 떨린다는 상상을 하거나
실제로 얼굴이 빨개지고 사지가 떨린다.

B 평가: 끔찍하다. 내 얼굴이 빨개지고 사지가 떨리는 걸 모두가 알아차

릴 것이다. 내가 불안해서 몸을 떤다고 생각할 것이다. 나를 멍청하고

무능하고 약골이라고 생각하고 모두가 나를 싫어할 것이다.

C 감정, 신체 반응, 행동: 불안, 수치심, 강한 신체 반응, 상황 회피

신체 반응이 문제가 아니다. 얼굴이 빨개지고 몸이 떨리는
것은 부끄럽고 난처한 일이므로 무슨 일이 있어도 피해야 한
다는 평가가 문제다. 어떤 상황이 곤란하다는 기분이 들 수는
있겠지만 그 기분은 오직 우리의 부정적인 생각으로 인해 생
겨나는 것이다. 물론 그 상황이 불쾌할 수는 있다. 하지만 생
명이 위태로울 정도는 아니다. 그러니 불안해할 필요 없다. 진
짜 불안이 필요할 때는 생명이 위태로울 때뿐이다.

사회공포증에서 벗어나기 위한 4단계

1단계 생각을 점검하라.

이 딜레마에서 빠져나오기 위한 첫걸음은 생각의 점검이다.

"얼굴이 빨개지고 몸이 덜덜 떨리면 다들 내가 불안에 떤다고 생각하겠지.

그럼 날 멍청하고 무능하고 약해 빠진 인간이라고 생각할 거야. 모두가

날 싫어할 거야."

모두가 당신의 불안을 눈치채고 당신을 멍청이 취급할 것이라는 당신의 생각은 과연 사실인가? 설사 눈치챈다 하더라도 정말로 당신을 바보 취급할까? 대답은 당연히 "아니오"다. 다른 사람들이 당신의 심경변화와 신체적 반응을 알아차리고 그것을 불안으로 해석한 후 당신을 바보라고 생각하여 싫어할지 아닐지 알 수 없는 일이다. 다른 사람들이 당신에 대해 어떻게 생각하는지 당신은 모른다. 당신이 알 수 있는 것은 그들이 말로 표현한 내용뿐이며, 그것마저 거짓이거나 틀렸을 수 있다. 그보다 더 중요한 것은 당신이 다른 사람을 선하게 대하려 노력한다는 것이다. 또 설사 당신의 생각이 다 맞다고 해도 불안발작은 당신이라는 인간의 극히 일부일 뿐이다. 당신이 일 년 열두 달 내내 불안에 떠는 것도 아니고, 당신에겐 더 많은 장점들이 있다. 게다가 불안은 지극히 인간적인 감정이다. 다른 사람들이 사실에 근거해서 말할 수 있는 것은 오직 당신이 지금 이 순간 불안을 일으키는 부정적인 생각을 하고 있다는 것뿐이다.

정리하면, 당신은 남들이 당신의 신체 반응을 알아차릴지, 그것을 불안으로 해석하여 당신을 싫어할지 알 수 없다. 설사 그런 일이 일어난다고 해도 그것이 당신의 생명을 위태롭게 하지는 않을 것이다. 그건 그저 그들의 의견일 뿐이다. 또 설사 그런 행동이 당신의 약점이라고 해도 당신은 꿋꿋하게 살아나갈 수 있다. 모든 인간에겐 약점과 강점이 있는 법이다. 그런 약점을 가진 자기 자신을 있는 그대로 받아들인다면 아무 일도 일어나지 않을 것이다.

2단계 그 순간의 신체 반응과 행동을 인정하고 받아들여라.

어쩌면 당신의 불안증은 겉으로 드러나는 것보다 훨씬 약할지 모른다. 남들은 모르는데 당신만 심하다고 느낄지도 모른다. 그건 당신이 노심초사 당신의 불안 증상과 행동 패턴만 지켜보기 때문이다. 불안은 감추려 하면 할수록 더 심해진다. 부정적인 평가를 유익한 자세로 바꾸자. 당신의 증상이 끔찍하다는 평가와 절대 이 증상을 보이면 안 된다는 강박적 생각을 불안 증상도 자신의 일부이므로 인정하고 받아들일 수 있다는 긍정적 자세로 바꾸자.

3단계 **불안을 자신의 강점으로 만들어라.**

자신의 약점을 솔직하게 털어놓는 사람을 보며 감탄한 적이 있을 것이다. 다른 사람들은 자신의 약점에 어떻게 반응하는가? 누군가 먼저 자신의 약점을 고백하면 함께 있던 사람들이 줄줄이 자신의 약점들을 털어놓는다. 불안을 느끼지 않을 방도가 없다면 선택지는 두 가지밖에 없다. 불안을 숨기고 불안을 단죄하며 사람들을 피하거나, 불안도 나의 일부로 받아들이고 남들이 뭐라고 하건 말건 불안을 당당하게 고백하는 것이다. 후자는 불안에서 벗어나는 길이며, 전자는 불안을 더 키우는 길이다. 당신도 이미 알 테지만 불안은 느끼고 싶지 않다고 해서 사라지는 것이 아니다.

4단계 불안한 상황으로 들어가기 전에 자발적 긴장해소법으로
긴장을 풀어라.

그럼 불안반응을 훨씬 줄일 수 있을 것이다. 불안이 느껴질
때도 이 방법을 쓰면 관심을 딴 곳으로 돌려서 긴장을 풀 수
있다.

거부당할지도 모른다는
두려움을 부르는 부정적인 태도 3가지

상담을 하다 보면 사회공포증 환자들에게서 흔히 볼 수 있는
특유의 부정적인 태도가 있다. 무엇보다 이들은 자기 자신을
바라보는 시선이 매우 부정적이다. 혹시 당신도 그렇지 않은
지 점검해보라.

태도 1

"난 정상이 아냐. 난 무능한 인간이야. 난 너무 뚱뚱해. 너무 말랐어. 난 멍
청해. 열등해. 못생겼어."

　　이런 태도는 어린 시절에 생겨난 것이다. 가정 형편이 좋지 않아서(형제가 너무 많거나, 돈이 없거나, 아버지가 알코올 중독자거나, 형제 중 한 명이 장애인이거나, 부모님이 병든 조부모를 간병하셨거나, 부모가 이혼해서) 부모님이 당신을 진정으로 아껴줄 시간과 여력이 없었거나, 부모님 자신들이 사랑받아본 경험이 없어서 당신을 제대로 사랑해주지 못했기 때문이다. 어쩌면 당신보다 더 순하거나, 자신들과 더 비슷한 형제를 편애해서 당신에게 사랑을 쏟을 시간을 많이 할애하지 않았거나, 소중하게 대해주지 않고 당신이 혹시라도 잘못하면 심하게 야단치거나 놀렸을 수도 있다. 당신은 무능하고 다른 형제들이 더 착하다고 얘기했을 수도 있다. 또 부모님 스스로가 불안하고 초조해하며 화를 잘 내는 사람들이었을 수도 있다.

　　무슨 일을 하건 일일이 부모님께 허락받아야만 하는 경우에도 아이는 자신의 능력을 신뢰할 수 없게 된다. 부모가 아이에게 혼자서는 도저히 할 수 없는 일을 시키거나 아이를 너무 과잉보호하는 경우에도 아이는 자기 능력을 개발할 기회가 없어서 어른이 된 후 자신이 정상이 아니라는 생각을 하게 된다. 사투리, 사회계층, 가난, 종교, 부모의 이혼, 신체장애, 부모의 중독 등도 아이에게 친구들과 비교할 때 "뭔가 정상이 아니다"

라는 느낌을 갖게 만든다.

부모의 특정 행동이 아이 입장에서 자신을 사랑하지 않는다고 해석하는 경우에도 아이는 훗날 자라 자신이 정상이 아니라고 생각하게 한다. 어쨌든 이유가 무엇이건 당신은 자신이 정상이 아니라고 배웠다. 자신을 조건 없이 받아들이고 사랑하는 법을 배우지 못했다. 따라서 남들이 싫어할까 봐, 벌을 받을까 봐, 사랑받지 못할까 봐, 상처를 입을까 봐 무서워 자신을 채찍질하여 사랑스럽고 완벽한 인간이 되기 위해 애쓰거나, 부모에게 반항하기 위해 부러 아무런 노력도 하지 않았을 것이다. 그 결과 어른이 된 지금도 일을 완벽하게 처리하여 칭찬과 인정을 받기 위해 노력하거나 어차피 애써 봤자 돌아오는 것이 없다는 생각에 아무런 노력도 하지 않을 것이다. 그렇게 당신은 악순환에 빠져 있다.

당신의 생각은 평가와 남들과의 비교에 점령당했다. 그리고 그 평가와 비교 결과는 늘 부정적이다. 당신은 성과를 내고 기준에 맞아야만 가치 있는 존재라고 믿는다. 그래서 진정한 자신과는 다른 사람이 되어야 한다는 압박감에 시달린다. 그리고 자신의 부정적인 자아상을 남들에게 투사하여 그들도 당신을 늘 부정적으로 평가한다고 생각한다.

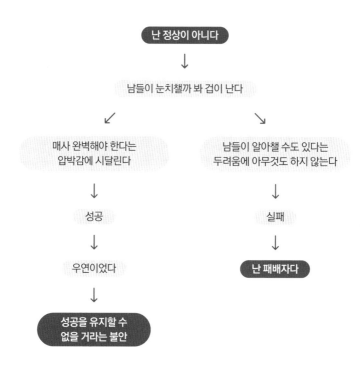

이렇듯 삶의 기본자세가 "난 정상이 아니다"라면 늘 기분 나쁘고 열등감에 시달리지 않을 수 없다. 입장 바꿔 생각해보라. 당신이 어떤 사람에게 계속 "넌 정상이 아냐"라고 말한다면 그 사람 기분이 어떻겠는가. 당연히 기분 나쁠 것이고 자꾸 듣다 보면 자신이 정말 정상이 아닌 것처럼 느껴질 것이다. 게다가 남들한테 절대 자신에게 하듯 그렇게 심하게 야단치지 못할 것이다. 그런데 자신에게는 심한 욕설과 비난을 마구 퍼 부어댄다.

그런 비난을 계속 듣다 보면 언짢은 기분이 되지 않기 위해 남들 칭찬에 기대게 된다. 하지만 설사 남들이 칭찬한다고 해도 믿지 못하고 진심이 아니라고 생각한다. 자기 자신에게 비난을 너무 많이 했기 때문에 남들한테는 야단맞고 싶지 않을 뿐이다. 그러므로 다른 사람들의 비판과 거부가 겁난다. 늘 자신의 부족하고 미흡한 행동을 용서하지 못하고 자신을 실패자라 몰아세우기 때문에 정말로 실패할까 봐 겁이 나는 것이다.

그렇다고 해서 성공을 바라는가 하면 또 그렇지도 않다. 성공을 해도 그저 운이 좋아서였을 뿐, 자기 능력 덕분이 아니라고 생각하기 때문이다. 자신을 열등하고 허점이 많은 인간이라고 생각하기 때문에 권위에 대한 두려움도 크고, 혼자서는 살아남을 수 없다고 믿기 때문에 혼자 있는 시간을 두려워한다.

정상이 아니라는 생각의 결과는 감정과 행동으로도 나타난다.

- 친구를 시기하고 주변 사람들의 취미를 부러워한다.
- 거부당하거나 비난당하면 분노하고 공격한다.
- 거부당하거나 비난당해 우울하다.

- 친구와 의절한다.

- 친구들과 거리를 둔다.

- 접촉을 피한다.

- 심신질환 증상이 나타난다.

- 욕구가 있어도 말하지 않는다.

- 남의 부탁을 거절하지 못한다.

- 사람들 앞에서 말을 더듬고 얼굴이 빨개진다.

- 남들을 비꼰다.

- 거만한 태도를 취한다.

- 남들을 지나치게 비판한다.

자존감이 떨어지면 할 수 없는 것과 가지지 못한 것들만 생각하게 된다. 또 남들이 자신의 약점을 알아차릴까 봐 겁이 난다. 그래서 늘 불안하다.

- 사람들의 관심을 받으면 불안하다.

- 사람들 앞에서 발표할 때면 불안하다.

- 사람들이 보고 있을 때 커피나 와인을 따르면 불안하다.

- 남들이 나의 불안을 눈치챌까 봐 불안하다.

- 남들이 진짜 내 모습을, 나의 모자람을 눈치챌까 봐 불안하다.
- 부정적인 감정을 느끼고 그것이 드러날까 봐 불안하다.
- 혼자서 뭘 하는 게 두렵다.

이런 식의 행동은 대부분 우려하던 상황을 낳는다. 남들이 정말로 당신이 우려한 대로 당신을 거부하고 기피하게 되는 것이다. 말 그대로 자기충족적 예언인 것이다. 위험을 이겨낼 수 있는 자신의 능력을 신뢰하지 못하기에 불안반응도 부적절해지는 것이다.

태도 2
"남들이 내게 상처를 주고 나를 불행하게 만들 수 있어. 난 그들의 칭찬과 인정이 필요해."

이런 태도 역시 어린 시절에 생겨난 것이다. 아이는 몸과 마음 모두 부모에게 의존한다. 부모의 도움 없이는 살아갈 수가 없다. 부모는 아이를 보살펴주고 먹여주고 재워줘야 하지만 사랑과 정서적 온기, 신체 접촉도 선사해야 한다. 아이는 부모의 말은 무조건 옳다고 믿는다. 그래서 부모가 아이를 야단치면 자신이 나쁜 사람이라고 생각하고 좋은 사람이 되어 칭찬받으려 노력한다. 그러나 어른이 되면 우리는 더 이상 타인의 사랑에 의존하지 않아도 된다. 스스로 자신을 칭찬할 수 있고 자신을 보살필 수 있으며 자기 뜻대로 살 수 있다. 바라는 대로 되지 않아 실망하더라도 다시 툭툭 털고 일어날 수 있기 때문이다. 남들 생각은 그저 하나의 의견일 뿐 자신의 의지와 상관없다는 사실을 깨닫는다.

그런데 생존을 위해서 특정인들의 칭찬이 꼭 필요한 사람들이 있다. 타인의 의견에 목을 매기 때문에 그들에게 칭찬받기 위해 사력을 다한다. 따라서 자신의 욕망을 억제하고, 다른 사람의 부탁을 거절하지 못하며, 갈등을 회피하고, 화를 꾹 참는다. 하지만 그렇게 꾹 참으며 해달라는 것을 다 해줬는데 정작 남들은 자신과 똑같이 행동하지 않으니 실망할 수밖에 없고, 실망을 견디다 못해 화를 내고 나면 또 죄책감에 시달린다.

태도 3

"완벽하지 않으면 실패할 거야."

"나의 태도가 나의 가치를 결정해."

이런 태도 역시 어린 시절의 경험이 원인이다. 부모가 "이걸 하지 않으면 나쁜 아이야", "이렇게 행동하지 않으면 널 좋아하지 않을 거야"라고 말한다면 아이는 부모가 내 건 조건을 채우지 못하면 사랑받지 못할 것이라 생각한다. 그리고 자라서 어른이 된 후에도 "모든 것을 제대로 해야 사랑받는다"는 과거의 믿음을 버리지 못한다. 자신이 생각하기에 해서는 안 될 실수를 저지르면 자신을 야단치고 미워한다. 완벽하면 자신을 사랑하고 실수하면 자신을 미워한다. 하지만 완벽은 불가능하다. 인간은 실수를 통해 배우는 존재며, 실수는 예견할 수 있는 것이 아니기 때문이다. 그러나 이런 태도를 가진 사람에게 중간은 없다. 승자와 패자만 있을 뿐이다. 실수하면 나쁜 사람이고, 성공하면 좋은 사람이다. 자신에겐 한 번의 실수로 사라지지 않는 수많은 능력과 특성이 있건만, 그런 자신의 장점은 도무지 보려고 하지 않는다.

이 세 번째 자세가 특히 사회공포증에 취약한 사람을 만든다. 이것 아니면 저것, 전부 아니면 무, 이런 극단적 자세는 모두 어린 시절의 교육과 환경, 경험을 통해 만들어진다.

거부당할지 모른다는 두려움을 극복하는 6단계

1단계 거부당할지 모른다는 불안 목록을 작성해보자.

당신은 어떤 상황에서 불안한가? 실수를 저질렀을 때? 새로운 일을 시작할 때? 사람들을 만날 때? 남들의 부탁을 거절할 때? 당신이 바라는 것을 말할 때? 그러한 상황을 노트에 모두 적은 다음 공통점이 있는지 찾아보자.

2단계 당신의 사회공포증을 감정의 ABC에 맞추어 분석해보자.

A 상황 나는 무엇이 무서운가? 그 상황을 생각하거나 상상만 해도 공포가 느껴지는가?

B 평가: 나는 그 상황 혹은 그것을 어떻게 평가하는가? 나는 그 상황에 대해 어떤 생각을 하는가? 두려움과 공포의 시나리오를 하나도 빼놓

지 않고 적는다.

C 감정, 신체 반응, 행동: 나는 어떤 기분이며 나의 몸은 어떻게 반응하는가? 나는 어떤 행동을 하는가?

2단계 활용 사례

U 씨는 친구에게 빌려 간 책을 돌려달라고 말하기가 겁난다.

A 상황 **6개월 전 친구에게 책을 빌려주고 돌려받지 못했다.**

B 평가: 내가 친구에게 책을 돌려달라고 말하면 친구는 내가 자기를 믿지 못한다고 생각할 것이다. 내가 너무 이기적이라고 생각할 것이다. 그래서 나를 싫어할 것이다.

C 감정, 신체 반응, 행동: 돌려달라는 말을 하지 못한다.

3단계 당신의 평가를 점검하고 대안을 모색해보자.

Q | 당신이 위험하다고 생각하는 일이 실제로 일어날 것인가? 당신이 위험하다고 생각하는 일이 실제로 생명을 위협하는가? 그렇다면 그 증거는 무엇인가?

Q | 당신이 위험하다고 판단한 상황이 실제로 불쾌할 수 있다면, 그 일이 일어날 가능성은 어느 정도인가?

Q │ 위험하다고 생각하는 사건을 막을 방법이 있는가?

Q │ 위험하다고 평가한 사건이 실제로 일어날 경우
생존 가능성은 얼마나 있는가?
만일 위험한 일이 일어난다면 어떻게 할 것인가?
당신은 무엇을 할 수 있는가?

Q │ 다른 사람도 당신이 위험하다고 생각하는 상황에서
불안을 느끼거나 그 상황을 기피하는가?

Q │ 위험하다고 생각되는 상황을 피한다면 무엇을 잃을 거 같은가?
직장에서, 인간관계에서, 자존감과 관련해 어떤 손실이 있는가?
반대로 위험을 무릅쓰고 그 상황으로 들어간다면
어떤 이득이 있는가?

당신과 가족의 손익계산서를 작성해보자.

3단계 활용 사례

U 씨는 위의 6가지 질문을 통해 자신의 부정적 상상을 점검해보았다.

Q1 │ 🅐 책을 돌려달라고 하면 친구가 날 어떻게 생각할지 나는 모른다. 내가 이기적이라고 생각하면 슬프겠지만 그래도 죽지는 않는다. 그것은 그녀의 생각일 뿐이다. 난 견딜 수 있다.

Q2 │ 🅐 지금까지 나는 한 번도 내가 바라는 것을 직접 말한 적이 없기 때문에 그녀가 그럴 때 어떻게 반응할지 알지 못한다.

Q3 │ 🅐 화를 내지 않고 다정하면서도 명확하게 내 의사를 전달할수 있다.

Q4 │ 🅐 친구가 나를 이기적이라고 생각해서 친구의 연을 끊는다면 안타까운 일이다. 하지만 내가 원하는 우정은 하고 싶은 말은 언제든 할 수 있고 서로를 인정하는 관계다.

Q5 │ 🅐 다른 사람들은 내게 하고 싶은 말을 다 한다.

Q6 │ 🅐 그녀에게 말하지 않으면 혼자 속으로 화내면서 괜히 그녀를 미워할 것이다. 게다가 책을 돌려받을 가능성도 매우 낮다. 솔직히 말한다면 친구가 책을 돌려줄 수도 있다. 아마 책을 다읽었는데 까먹고 그냥 갖고 있는 것일 것이다.

4단계 점진적 근이완법이나 자발적 긴장해소법으로 긴장을 푼 후 긍정적 상상연습을 시작한다.

불안을 느끼는 상황을 생생하게 그려본다. 이어 새로운 생각에 맞게 행동하는 자신을 상상한다.

4단계 활용 사례

U 씨는 다음과 같은 상상연습을 한다.

자발적 긴장해소법으로 긴장을 푼 후 눈을 감고 다음과 같은 장면을 상상한다.

친구와 같이 앉아 있다. 책을 돌려받고 싶다는 생각이 들어 친구에게 말을 한다. 친구가 무슨 생각을 하는지 나는 모른다. 설사 친구가 나를 이기적이라고 생각해도 상관없다. 나는 하고 싶은 말을 했고 내겐 그럴 권리가 있다. 나는 다정하지만 단호하게 그리고 침착하게 말한다. "6개월 전에 빌려 간 그 책 있잖아. 돌려줬으면 좋겠어."

5단계 **실전에 돌입하라.**

당신이 불안을 느끼는 상황을 골라서 그 상황으로 들어가 보자. 도전하지 않으면 결과도 없다. 목표는 불안을 느끼지 않는 것이 아니라 불안하지만 그 일을 하는 것이다. 잊지 마라. 아무리 사소한 모험이나 발전도 아끼지 말고 듬뿍 칭찬해야 한다.

6단계 **상상연습 대신 체계적 둔감법을 이용해도 좋다.**

이 방법을 이용해서 두려워하던 상황으로 한 걸음 한 걸음 천천히 다가가 보자.

사회공포증에서 벗어나는 77가지 TIP

TIP 1 **자신감 있는 자세를 취하라.**

자기 스스로 믿음을 갖게 하는 자신감 충만한 자세를 취하라. 자세가 마음을 만든다.

TIP 2 **관심은 목표를 향한다.**

자신의 신체나 남들의 반응이 아니라 목표에 집중하라. 당신은 이 상황에서 어떤 목표를 추구하는가? 무엇이 그 목표에 도움이 되는가?

TIP 3 **의도적으로 불안을 조장하라.**

불안을 과장해보자. 그렇게 함으로써 당신이 불안을 조절할 수 있다는 확신을 얻을 수 있다.

TIP 4 **신체 반응을 평가하지 말고 가만히 관찰하라.**

"피가 머리로 솟구치는구나. 괜찮아. 다시 내려올 거야. 아무 문제 없어."

TIP 5 **유머를 사용해서 이야기하라.**

발표를 해야 한다면 이렇게 시작해보자. "발표하기 전에 잠시 제 이야기를 할까 합니다. 저는 지금 무척 불안합니다. 남들 앞에서 이야기를 잘 못 하거든요. 그러니까 제가 지금 기절한다 해도 너무 놀라지 않으셔도 됩니다." 이런 우스갯소리는 완벽해야 한다는 강박을 덜 수 있다.

TIP 6 **불안을 느끼는 것은 너무나 당연하다.**

발표나 시험처럼 중요한 상황에서는 누구나 불안을 느낄 수밖에 없다. 너무 심하지만 않다면 불안은 스트레스에 대한 신체의 정상적인 반응이다. 그 사실을 잊지 마라.

TIP 7 **불안은 당신이 아직 신체에 대한 통제력을 잃지 않았다는 증거다.**

불안하다고 해서 당신의 몸이 제멋대로 움직인다고 생각하는 건 틀렸다.

CHAPTER ⑭

일반화된 불안장애와
이별하는 법

사례 ❹
S 씨, 직장에 다니는 54세 기혼 여성

예민한 건 어릴 때부터 그랬어요. 어머니를 닮은 것 같아요. 어머니가 걱정을 달고 사셨거든요. 게다가 손가락 하나 까딱할 힘도 없어서 몇 시간씩 꼼짝도 하지 않고 누워 있을 때가 많아요. 자다가 깨면 다시 잠들지 못하고 계속 이런 생각 저런 생각으로 날을 새기도 하고요. 딱히 힘들게 산 건 아닌데도 세상만사가 늘 걱정이에요. 다른 사람들은 어떻게 저렇게 평온한 얼굴로 살 수 있을까 신기해요. 아이들이 집에 와서 직장 일이 힘들다고 투덜대면 제 눈앞엔 벌써 실직한 아이들의 모습이 어른거려요. 얼마 전에 대출도 받았다고 하던데 그건 어떻게 갚지? 남편이 지나가는 말로 가슴이 아프다고 하면 전 이미 심장마비를 상상해요. 남편이 죽으면 나 혼자 어떻게 살까? 어머니가 관절이 안 좋아서 아프다고 투덜대면 전 벌써 어머니가 못 걸으면 어떻게 해야 하나 걱정이 태산이에요. 내가 모실 수도 없고, 그렇다고 요양원에 들어가시게 할 수도 없고, 혼자 계시다 혹시 넘어지기라도 하시면 어쩌지? 남편한테 이런 걱정을 털어놓으면 쓸데없는 걱정을 한다고 타박을 해요. 그러면 얼마나 서운한지 몰라요. 남편이 너무 무심한 것 같아요.

일반화된 불안장애를 앓는 환자들은 대부분 늘 몸이 아프기 때문에 이미 이 병원 저 병원 전전한 지 오래다. 신체 증상의 원인이 만성 불안이라는 사실을 깨달을 때까지 몇 년씩 걸리는 사람들도 많다. 신체 증상은 대부분 부정적인 생각, 걱정, 고민의 결과다. 이들은 매일 최고 10시간씩 나쁜 일이 일어날지도 모른다는 걱정을 한다. 주로 병, 죽음, 일, 경제 상황, 날씨, 노화, 사고, 일상적인 사건들이 고민의 대상이다. 이들은 세상과 자신, 자신의 힘과 가능성을 믿지 못한다. 인생의 강조점은 나쁜 일에 방점이 찍힌다. 위험에 맞춰진 필터로 세상을 바라보는 셈이다.

미리 걱정하는 것을 미신처럼 생각하는 사람들도 있다. 걱정이 안전을 보장하는 보험이라고 생각하는 것이다. "걱정을 많이 하면 나쁜 일이 안 생길 거야"라고 생각한다. 심지어 걱정이 인성의 일부라고 믿는 사람들도 있다. "걱정을 안 하는 건 사랑하지 않는다는 뜻이지. 그건 무심한 인간이야."

그럼 걱정을 하면 어떤 좋은 점과 나쁜 점이 있을까?

장점

대비 차원에서 걱정하는 건 유익하다. 일어날 확률이 매우 높은 위험을 미리 대비하면 실제 위험이 닥쳐도 안전을 보장할 수 있다. 미리 계획을 세우고 대처방안을 고민하여 적극적으로 대처할 수 있기 때문이다. 물론 우리가 영향을 미칠 수 있는 사건인 경우에만 그렇다.

단점

- 걱정은 몸에 경고신호를 보낸다. 그래서 불안을 조장한다. 우리 몸이 싸우거나 도망칠 준비를 하게 된다.
- 재앙은 상상 속에서만 일어나기 때문에 정작 우리는 아무런 대처도 할 수 없다. 그럼에도 우리 몸은 이미 에너지를 소비한다.
- 나쁜 상상이 불안과 심한 신체 반응을 유발하기 때문에 그런 생각이 들면 생각을 멈추어버리는 사람들이 있다. 그럼 몸은 경보 상태 그대로 멈추어 있고 무력감만 밀려든다.
- 대부분의 나쁜 상상은 일어날 확률이 거의 없기 때문에 괜히 쓸데없이 에너지만 낭비하는 꼴이다.
- 걱정한다고 해서 달라지는 것은 아무것도 없다.
- 걱정은 뭔가 하고 있다는 가짜 느낌, 가짜 확신을 줄 뿐이다.

- 우리가 걱정하는 일은 대부분 걱정했던 것만큼 심각하지 않거나 아예 일어나지 않는다.
- 걱정의 문제점은 걱정이 유익하다는 착각을 일으킨다는 것이다. 걱정하던 일이 안 일어나면 걱정을 했기 때문이라고 생각한다. 반대로 우려하던 일이 일어나면 충분히 걱정하지 않았기 때문이라고 생각한다.
- 우리가 어쩌지 못하는 일을 걱정하면 일상생활에 집중할 수 없고 불안으로 인한 신체 반응에 시달려야 한다. 시선이 해결책이 아니라 위험에만 맞추어져 있기 때문에 아무것도 할 수가 없다.
- 걱정하느라 인생을 즐기지 못하고, 면역력이 떨어지고, 질환에 취약해진다.

걱정이 이런 부작용을 낳고 불안을 일으키기 때문에 사람들은 불안을 줄이기 위해 나름의 대처방안을 모색한다.

- 의지력으로 걱정을 몰아내려고 한다. "그런 생각은 하지 마"라고 자신에게 명령한다. 하지만 아이러니하게도 우리의 뇌는 부정을 알아듣지 못한다. 그래서 파란 코끼리

를 생각하지 말라고 명령하면 절로 파란 코끼리가 떠오
르는 것이다.

• 딴짓을 해 관심을 돌려보지만 얼마 가지 못한다. 불안이
  그대로 남아 있기 때문이다. 뇌가 재앙의 시나리오를 그
  리고 있기 때문에 경고를 해주려고 자꾸만 그쪽으로 우
  리의 관심을 돌린다. 따라서 얼마 못 가 다시 나쁜 생각
  이 떠오른다.

• 나쁜 상상을 피해도 나쁜 일이 일어날 것이라는 확신은
  그대로라 기회만 되면 다시 나쁜 상상을 한다.

• 이 걱정, 저 걱정 넘나들며 한 가지 걱정을 끝까지 마무
  리 짓지 못한다. 단기적으로는 심한 불안이 생기지 않지
  만 머릿속에 그리고 있는 미래는 늘 어둡고 암담하다.

이런 대처방안들의 단점은 자기 생각을 점검하여 수정하
지 않는다는 데 있다. 이 사람들은 미래에 일어날 사건들을 지
나치게 위험하다고 평가하고, 그 사건들의 발생 가능성을 지
나치게 높게 계산하며, 정작 자신의 능력과 힘은 너무 낮게 평
가한다.

걱정하는 습관에서 벗어나기 위한 9단계

1단계 걱정하고 있는 것을 모두 기록해보자.

걱정하고 있는 자신을 발견할 때마다 즉각 이 걱정이 언제 시작되었고, 얼마나 오래 지속되었으며, 주제가 무엇이고, 당신의 신체 반응과 감정은 어떠한지 기록한다. 일기를 쓰면 당신이 얼마나 자주 무슨 걱정을 하는지, 그 걱정이 당신의 몸과 마음에 어떤 영향을 미치는지 알 수 있다. 또 걱정이 많은 시간대와 적은 시간대도 기록하자. 기록을 하다 보면 처음엔 걱정이 오히려 더 느는 것 같을 것이다. 하지만 그건 당신이 기록하기 위해 의식적으로 걱정거리에 관심을 가지기 때문이다. 또 글로 적다 보면 나쁜 상상이 생생하게 떠오를 것이다. 그래도 멈추지 말고 꾸준히 기록해보자.

2단계 개연성을 점검하라.

우리의 걱정은 대부분 일어날 확률이 상당히 낮다. 그러나 우리의 뇌는 개연성의 높고 낮음을 구분하지 못하고 상상도 사실로 보기 때문에 상상만 해도 불안을 불러일으킨다. 따라서 정신 차리고 자신에게 물어보자. "지금 걱정하는 이 일이 일어날 확률이 얼마나 될까? 걱정할 가치가 있는 일일까? 차라리 이 에너지를 다른 곳에 쏟는 것이 낫지 않을까?"

3단계 **걱정을 시작했다면 끝까지 마무리 지어라.**

이 걱정, 저 걱정 옮겨 다니지 말고 하나씩 골라 끝까지 마무리 지어야 한다. 자신에게 물어보자. "최악의 경우 어떤 일이 일어날까? 정말 이 일어난다면 어떤 해결책이 있을까?" 이 해결책을 리스트로 만들어보자. 말도 안 되는 해결책이라도 다 적어본다. 예를 들어 산으로 들어간다, 이민을 간다, 아이를 고아원에 맡긴다 등 비현실적인 해결책까지 모두 다 적는 것이다. 목적은 뇌에 "설사 재앙이 일어나도 난 묵묵히 살아갈 것이다"라는 신호를 보내기 위한 것이다. 이제 그 다양한 해결 방안을 실천에 옮기는 자신의 모습을 구체적이고 생생하게 상상해본다. 상상은 불안이 눈에 띄게 잦아들었을 때 멈추어야 한다. 그 상황이 위험하지 않다고 생각될 때까지 상상연습을 반복하자.

4단계 **긍정적 모델을 찾아라.**

아무리 눈을 씻고 찾아봐도 해결방안이 보이지 않을 때는 주변을 살펴보라. 비슷한 상황을 무사히 이겨낸 사람이 있는 가? 위인전기도 좋고, 인터넷도 좋고, 셀프헬프그룹도 좋다. 긍정적인 모델을 찾아보라.

5단계 **걱정을 멈추자.**

걱정하던 것을 끝까지 상상하여 해결방안을 글로 적고 그 해결책을 실천에 옮기는 자신의 모습을 상상하였다면, 이제 그 걱정과는 작별을 고해야 한다. 같은 걱정이 또 떠오르거 든 그만 멈추어라. 생각 스톱이 기억나는가? 자신에게 말하라. "스톱. 해결 방법은 이걸로 충분해. 다 적어놨으니까 필요하면 언제든지 찾아보면 돼. 이제 너랑은 작별하고 싶어."

6단계 **확인하지 마라.**

출근한 남편 또는 아내에게 전화를 걸어 잘 도착했는지 묻 지 마라. 건강에 아무 이상 없다는 말을 들었다면 더 이상 이 병원 저 병원 전전하지 마라.

7단계 **피하지 마라.**

힘들 테지만 그래도 피하지 말고 맞서라. 우체통에 나쁜 소식이 가득 들어 있을 것 같아도 용감하게 우체통을 열어라. 아이가 길을 걷다 무슨 일이 생길까 봐 걱정되더라도 아이를 혼자 학교에 보내라. 혹시 몰라 휴대전화를 꼭 챙겼다면 이제부터는 외출할 때 잠시 휴대전화를 집에 두고 나가라.

8단계 **그럼에도 걱정이 떠나지 않는다면 하루에 일정한 시간을 정해 걱정의 시간으로 삼아라.**

걱정의 시간 동안 원 없이 걱정하라. 하지만 다른 시간에 걱정이 떠오르거든 생각 스톱으로 걱정을 멈추고 정해놓은 시간까지 미룬다. 이 전략의 목적은 걱정을 당신 뜻대로 조절할 수 있게 만드는 것이다.

9단계 **이완법을 활용하라**

점진적 근이완법이나 자발적 긴장해소법, 복식호흡법 등 긴장 완화 방법을 활용하라.

솔직히 나 역시도 완벽한 안전이 보장된다면 좋겠다. 하지만 아직 그 방법을 모른다. 안전한 인생이 어떤 모습인지 알지 못하며, 앞으로 무슨 일이 일어날지, 어떻게 하면 나쁜 일을 확실히 막을 수 있는지 알지 못한다. 인생에서 확실한 것은 없다. 우리가 선택할 수 있는 것은 그저 어쩔 수 없는 일과 맞서 싸울 것인지 아니면 조용히 인정하고 결과를 참고 견딜 것인지다. 할 수 있는 일에 에너지를 집중할 것인지, 아니면 해결할 수 없는 일과 맞서 싸우느라 에너지를 다 투자할 것인지다.

나쁜 일은 아무리 걱정하고 상상해도 막을 수 없다. 또 일어날 수 있는 모든 나쁜 일을 다 계산하고 상상할 수 있을 만큼 우리의 상상력이 충분한 것도 아니다. 상담실을 찾는 내담자들도 대부분 하나 아니면 두 가지 정도를 두고 걱정한다. 어차피 모든 일을 다 예상하여 대비할 수도 없는데 굳이 나쁜 일에 매달려 전전긍긍하는 것이 과연 무슨 의미가 있을까? 차라리 그 에너지와 시간을 순간의 삶에 집중하고 오늘을 즐겁고 건강하게 살기 위해 노력하는 편이 더 낫지 않겠는가.

걱정하는 습관에서 벗어나는 6가지 TIP

TIP 1 걱정이 될 때마다 "난 다 내려놨다"라고 자신에게 말하라.

한번 상상해보라. 큰 기둥을 꽉 묶은 밧줄이 있다. 당신이 그 밧줄을 아무리 힘껏 잡아당겨도 기둥은 꿈쩍하지 않는다. 이제 어떻게 할 것인가? 당신이 손에서 밧줄을 놓으면 밧줄은 스르르 땅에 떨어진다. 당신은 저 기둥을 그냥 그대로 두자고 마음먹는다. 바로 이것이 '내려놓기'다. 얼마나 마음이 가벼운가!

TIP 2 인정하라.

인생에서 완벽하게 확실한 것은 없다. 유일하게 확실한 것이 있다면 우리 모두 언젠가는 죽는다는 사실뿐이다. 그러니 오늘을 즐기고 건강을 유지하기 위해 최선을 다하자.

TIP 3 자신에게 믿는다고 말하라.

자신감 넘치는 자세를 취하고 큰 소리로 자신에게 말하라. "무슨 일이 있어도 난 어려움을 헤쳐나갈 거야."

TIP 4 당신의 능력을 기억하라.

"내가 할 수 없는 일은 받아들이고, 내가 할 수 있는 일은 최선을 다할 거야. 걱정만 할 것이 아니라 대비할 수 있는 것을 미리 대비하자. 나쁜 일이 생긴다 해도 잘 대처하면 되지. 최악의 상황이 닥쳐도 정신만 똑바로 차리면 돼. 해결책이 있을 거야. 상황이 아니라 자세가 감정을 결정하니까."

TIP 5 몸을 움직여라.

운동을 하면 긴장이 해소되고 마음이 안정된다.

TIP 6 건강한 음식을 먹고 물을 충분히 마셔라.

건강한 신체에 건강한 정신이 깃든다고 했다. 건강한 음식과 충분한 수분 섭취는 건강한 일상을 위해 꼭 필요한 습관이다.

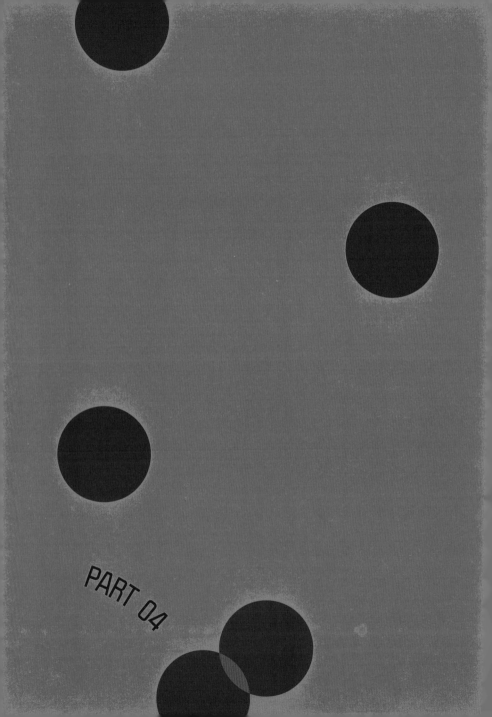

PART 04

불안을 이겨내는
긍정의 힘

CHAPTER ⑮

긍정적 자세가
긍정적 감정을 부른다

"어릴 때로 돌아가서 다시 나를, 세상을 믿을 수 있게 되면 얼마나 좋을까!" 가끔 이런 생각이 들 때가 있다. 하지만 정말로 그렇게 된다 해도 좋은 점 못지않게 나쁜 점도 많을 것이다. 어린 시절로 돌아간다면 지금껏 살면서 얻은 모든 유익하고 중요한 경험을 다 잃어버리게 될 테니 말이다. 그 시절로 돌아갈 다른 방법이 하나 있긴 하다. 지금 여기에서 있는 그대로의 자신과 삶을 받아들이는 것이다. 자신과 주변 사람들에게 더 큰 신뢰를 선사하는 것이다.

어떻게 하면 그럴 수 있을까? 열쇠는 이미 당신 손에 있다. 바로 긍정적 자세가 그 열쇠다. 지금껏 자신의 마음에 불신과 불안의 불을 지피며 살았다면 이제는 낙관과 기쁨의 불을 피우고자 결심하면 된다.

자신을 속이자는 말인가? 그렇지 않다. 불안 극복을 위해 상상연습을 하는 것이 속임수가 아닌 것과 같은 이치다. 거짓이 아니라 있는 그대로의 진실을 자신에게 알려주자는 것이다.

자존감을 키우기 위한 4단계

자존감은 자신을 바라보는 자세에 달려 있다. 자신이 못하는 것, 가지지 못한 것만 읊어대면서 확신과 자의식이 넘쳐나기를 기대해서는 안 된다. 다른 사람은 존중하면서 왜 정말로 소중한 자기 자신은 그만큼 존중하고 대접하지 않는 것일까?

1단계 있는 그대로의 자신을 받아들여라.

거울을 보고 거울에 비친 당신에게 이렇게 말하라. "난 있는 그대로의 널 사랑하고 인정할 거야." 물론 처음에는 좀 쑥스러울 것이다. 그래서 상담실을 찾은 내담자들도 일부는 웃고 일부는 울고, 나머지는 못 하겠다고 버틴다. 그렇지만 이 연습은 매우 중요한 과정 중 하나이기 때문에 난 절대 양보하지 않는다.

칭찬과 존중을 받으면 누구나 기분이 좋다. 그건 만고의 진리다. 그 좋은 기분을 왜 자신에게 선사하지 않으려 하는 건가. 감정이 생각을 좇아와서 진심으로 당신을 인정하게 될 때까지 이 연습을 계속하라. 언젠가 당신의 감정도 당신의 말에 동의할 것이다. "그래, 난 있는 그대로의 날 인정해!" 이 지점쯤 오면 사람들은 보통 이렇게 말한다. "내 말을 믿어. 맞아." 하지만 그렇게 되기까지는 앞서 배운 생각 바꾸기 5단계를 거쳐야 한다.

당신이 지금 당장 이 연습을 올바르고 적절하다고 생각하기를 기대하지 않는다. 처음엔 유익한 방법이 아닌 것 같더라도 그냥 해보자. 매일 최소 300번씩 거울을 보고 연습해보자. 아니, 잘못 읽은 것이 아니다. 300번이 맞다. 당신이 그동안 자신에게 한심한 인간이라는 말을 얼마나 많이 하며 살았는가! 아마 하루에 300번보다 많으면 많았지 적게 하지는 않았을 것이다. 그렇게 습관이 되어버린 그 말을 당신은 지금껏 철통같이 믿고 살았다. 그러니 이젠 바꿀 차례다. 다른 말로 습관을 바꾸어보자.

2단계 **다른 사람이 당신을 거부하더라도 그것은 그의 의견일 뿐이라는 사실을 기억하라.**

신이 그의 기대와 상상에 부합하기 때문이다. 거부는 거부하는 사람에 대해서만 말할 뿐 거부당하는 사람에 대해서는 아무것도 말하지 않는다. 모든 사람에게 칭찬받기란 불가능한 일이다. 예수조차도 모든 사람으로부터 칭찬받지 못했다. 어떤 사람은 좋아해도 다른 사람은 싫어한다. 그러니 당신의 기대와 바람을 실현하는 데 집중하라. 모두의 마음에 들 수는 없다.

상대의 바람과 당신의 바람이 일치하지 않아 느끼는 실망은 지극히 정상이다. 다른 사람이 거부해서 우울하고, 거부할지 몰라 겁을 내는 것은 비합리적일 뿐 아니라 유익하지도 않다. 당신을 완벽하게 거부하는 사람도 없고 당신을 완벽하게 인정하는 사람도 없다. 어제의 당신이 오늘의 당신과 다르듯 그들의 기호와 선호도 변한다.

거부는 구체적 상황과 구체적 행동에 대한 반응일 뿐이다. 따라서 비판받고 거부당할 땐 이렇게 물어야 한다. 어떻게 했기에 그가 거부하였을까? 어떤 마음가짐이기에 나를 거부하는 것일까? 상대의 입장이 되어서 생각해보자. 거부는 우선적으로 그의 기대, 그의 선호, 그의 기분에 대해 말하는 것이다. 당신이 그의 기대에 부응하지 못한다는 것은 그다음 문제다.

3단계 **새로운 자세를 매일 반복하라.**

미국의 심리학자 샤드 햄스테더(Shad Helmstetter)는《긍정적 사고 입문》에서 이런 암시가 건강한 자의식을 쌓는 데 많은 도움이 된다고 권하고 있다.

"나는 정말 특별한 사람이야. 난 지금 이대로의 내가 좋아."

"나는 뛰어난 자질이 많은 사람이야. 재능도, 능력도, 기술도 많아. 내가

모르는 숨은 재능도 많아서 계속 새로운 재능이 튀어나오지."

"나는 에너지와 열정과 힘이 넘치는 사람이야."

4단계 **당신은 완벽하게 좋은 사람도 완벽하게 나쁜 사람도 아니다.**

당신에겐 장점과 단점이 있다. 지금 그대로의 당신을 인정

하라. 그리고 그것들을 노트에 적어보자.

- 긍정적이라고 생각하는 당신의 10가지 특징과 부정적이라고 생각하는

  10가지 특징

- 당신에게 있는 능력 10가지와 당신에게 없는 능력 10가지

자존감을 키우는 5가지 TIP

TIP 1 자신을 칭찬하고 인정하라.

남에게 인정받지 못하면 어떻게 하나 걱정만 하다 보면 인생을 즐길 시간이 없다. 또 남들에게 칭찬을 갈구하고 매달리면 오히려 놀라서 달아날 것이다. 게다가 당신의 행복과 기쁨을 오직 남들 의견에만 의존하는 꼴이 된다. 남들이 인정하면 기쁘고, 남들이 인정해주지 않으면 불행하다. 설사 오늘 인정받는다고 해도 내일 또 인정받으리라는 보장이 없다. 그런데 무엇하러 남의 칭찬에 목을 매는가. 남이 안 해주면 당신이 하면 되지 않는가. 자신을 칭찬하고 인정하라. 물론 다른 사람에게 듣는 칭찬은 좋고 기쁘다. 하지만 어른이라면, 설사 아이라 해도 남들이 하는 칭찬이 생존에 필수적인 것은 아니다.

TIP 2 진심으로 당신의 행복을 바라는 사람을 곁에 두어라.

진심으로 당신의 행복을 바라는 이들은 절대 자신들의 기대를 위해 당신의 욕구를 포기하라고 종용하지 않을 것이다.

TIP 3 **자신이 원하는 일, 자신에게 유익한 일을 하라.**

그럼 당신의 행복을 바라는 사람들이 당신을 존중해줄 것이며, 당신

자신도 당신을 존중할 것이다.

TIP 4 **자신을 인정하고 지지하라.**

백 퍼센트 확실한 인정은 이것밖에 없다. 남들이 바라는 대로 한다고

해서 그들이 당신을 좋아하고 어려울 때 도와주리라 보장할 수 없다.

TIP 5 **칭찬은 타인의 의견이라고 생각하자.**

비난도 타인의 의견이라고 생각하자.

실수에 대처하기 위한 3단계

1단계 **자책을 멈추어라.**

"왜 더 잘하지 못했을까?"라며 자신을 탓하지 마라. 그 당시엔 좋은 방법이 떠오르지 않았던 것뿐 그 이상도 그 이하도 아니다. 당신은 그 순간 저장된 프로그램에 따라 행동했던 것뿐이다. 실수했다면 자신에게 이렇게 말하라. "난 있는 그대로의 널 사랑하고 인정할 거야. 넌 그 순간 최선을 다했어."

2단계 **당신의 단어장에서 이런 표현은 지워버려라.**

"난 못 해."

"안 돼."

"해보기는 하겠지만…."

"조건이 있지."

"알았어, 그런데…."

"너무 어려워."

3단계 자기암시를 하라.

매일 아래와 같은 긍정적 암시를 최대한 자주 반복하자.

"난 지금 여기를 살 거야. 과거는 지나갔어. 나도 인간이니까 실수할 수 있지. 그 실수를 배움의 기회로 삼을 거야. 도전했으니까 실수도 있는 거지. 한 번 해봤으니 앞으로는 더 잘 할 수 있을 거야. 단 한 번의 실수로 내 모든 것이 무너지지는 않아."

실수에 대처하는 6가지 TIP

TIP 1 **발전을 위해 노력하는 것은 좋지만 완벽을 추구하지는 마라.**

실수는 배움의 필수 조건이다. 인간은 불완전한 존재다.

TIP 2 **도전하고 모험하라.**

뛰어나게 잘하는 것만이 중요한 것이 아니다. 무엇이든 한다는 것이 더 중요하다. 두 손 놓고 아무것도 하지 않는 것보다는 좀 부족하더라도 도전하는 것이 낫다. 실수는 당신이 도전했다는 증거다. 그것만으로도 칭찬받아 마땅하다.

TIP 3 **당신에게 누가 봐도 확실한 약점이 있다 해도 슬퍼하거나 한탄하지 마라.**

대신 당신이 가진 능력을 펼치면 된다. 강연을 듣고 책을 읽고 훈련을 해서 당신의 숨은 능력을 개발해보자.

TIP 4 한 번의 실수가 당신이라는 인간 전체를 평가하는
잣대가 될 수는 없다.

실수를 저질렀다 해도 그것은 한 번의 실수에 불과하다. 실수는 순간
의 행동이다. 그것이 당신의 다른 특성과 자질과 능력을 훼손할 수는
없다. 특히 요즘 같은 다변화 사회에선 모든 분야에서 탁월하기란 쉽
지 않다. 한 분야에서 탁월한 것만도 대단한 능력이다.

TIP 5 당신은 행복할 권리가 있다.

인간이라는 사실 하나만으로도 당신에겐 행복할 권리가 있다. 반드시
성과를 내고 능력을 펼친 인간만이 행복할 권리가 있는 것은 아니다.

TIP 6 가끔은 자신에게 선물을 주자.

대단한 일을 하지 않았더라도 자신을 칭찬하고 인정하자.

건강한 책임감을 키우기 위한 3단계

자신을 존중하는 것이 이기적인 행동이 아닐까 우려하는 사람이 있다. 이것 역시 '이것 아니면 저것'이라는 흑백논리다. 건강한 책임감이란 나의 욕구도 남의 욕구도 골고루 배려하는 것이며, 나의 책임이 어디서 시작하고 어디서 끝나는지를 아는 것이다.

모든 사람은 자신의 행동, 감정, 생각에 백 퍼센트 책임이 있다. 만일 당신이 타인에게 신체적으로 해를 가한다면 그건 당신의 책임이다. 하지만 당신의 말과 감정을 상대가 어떻게 생각하느냐는 당신 책임이 아니다. 당신은 그 감정을 유발했을 뿐, 당신의 말에 어떻게 대처할 것인지는 오직 상대의 몫이다. 물론 상대가 어떤 기분일지 내 알 바 아니라는 말은 아니다. 혹시라도 상대가 상처받을 수 있는 말과 행동은 삼가야 한다.

그러니 이렇게 정리할 수 있겠다. 상대가 다른 평가를 선택한다면 그 감정은 그의 책임이다. 예를 들어 상대가 앓고 있는 위염은 당신 책임이 아니다. 상대의 위염은 당신의 행동이 그의 기대에 부응하지 못해서 상대가 화를 냈기 때문이거나 상대가 당신을 걱정했기 때문에 생긴 것이다. 이 원칙을 거꾸로 뒤집으면, 상대는 결코 당신의 감정에 책임이 없다. 당신이 부정적 평가를 하도록 유발하기는 했어도 당신의 부정적 평가에 대해 책임이 있는 것은 아니다. 그건 오직 당신 몫이다.

1단계 상대가 당신에게 감정의 책임을 묻는다면 감정의 ABC로 따져보자.

"네가 그렇게 느꼈다니 마음 아프지만, 그건 내가 의도한 게 아니었어. 나는 그저 내 생각대로 행동했을 뿐이야."

2단계 당신이 상대에게 책임을 전가하고 싶을 때도 감정의 ABC를 따져보자.

"그가 나의 태도를 비난하다니 유감이야. 그렇지만 그가 비판한 것 중에서 배울 점이 있는지 살펴봐야겠어. 그의 비판이 정당하지 않다면 그의 의견일 뿐이라고 생각하면 그만이야. 그에게도 의견을 말할 권리가 있으니까. 하지만 그건 그의 의견일 뿐 나하고는 상관없어."

3단계 샤드 햄스테더가 아래에서 제시한 자기 암시를 매일 연습
하자.

"책임지는 게 즐거워. 책임은 진정한 나를 만드니까."

"도전이 즐거워. 절대 남의 손에 내 인생이나 행동에 대한 책임을 넘기지

않을 거야."

"다른 사람의 태도는 내 책임이 아니야. 하지만 나의 태도는 전적으로 내

책임이지."

건강한 책임감을 키우는 4가지 TIP

TIP 1 남들이 나를 거부하거나 비난하더라도 나는 나를 인정하라.

남에게 해가 되지 않는다면 나는 내 인생관을 실천하고 지금 이대로의 나로 남을 권리가 있다.

TIP 2 실수를 했다면 인정하라.

그 실수는 당신의 책임이지만 그렇다고 죄책감을 느끼거나 자신을 비난할 필요는 없다. 실수해서 미안하다고 말하고 실수를 고치거나 앞으로 실수하지 않을 방법을 모색하라.

TIP 3 과거의 실수를 용서하라.

과거는 바꿀 수 없다. 하지만 앞으로 같은 실수를 반복하지 않기 위해 최선을 다할 수는 있다. 자책만 하고 있으면 관심이 과거로 향할 것이고, 오히려 새로운 실수를 저지를 준비를 하는 셈이 된다.

TIP 4 누가 실수하더라도 그 실수를 근거로 그를 단죄하거나
깎아내리지 마라.

그의 실수를 용서하라. 그것은 당신을 위한 길이다. 용서하지 않으면
미움과 분노가 당신의 몸과 마음을 갉아먹을 것이다.

자신과 자신의 목표에 당당해지는 3가지 TIP

TIP 1 해서 즐거운 일이 있다면 그 일을 하자.

남에게 폐만 안 끼친다면 무엇이든 해도 좋다.

TIP 2 자신의 감정에 당당하고 그 감정을 표현하라.

마음의 소리에 귀를 기울여라. 어떤 기분이 드는가?

TIP 3 인생의 의미를 찾자.

당신이 나서서 찾지 않는다면 삶 그 자체는 사실 아무런 의미도 없다. 그래서 많은 사람이 봉사를 하고, 집을 짓고, 아이를 낳아 기르며, 삶의 의미를 찾고자 하는 것이다. 자신이 가진 능력을 발휘하거나 환경보호를 위해 힘쓰면서 삶의 의미를 찾는 사람들도 있다. 당신에겐 무엇이 의미 있는 일인가? 그 일에 에너지와 시간을 투자해보자.

CHAPTER ⑯ 긍정적 상상연습

머릿속으로 재난 영화를 반복 상영하다 보면 미래에 대한 전
망은 잃고 만다. 영화 바깥에도 세상이 있다는 사실을 잊어버
린 채 영화 속 재난과 불행에만 푹 빠져 있을 테니 말이다. 두
가지 상상연습으로 영화 바깥세상으로 걸어 나와 보자.

인공위성 상상연습

앉거나 누워서 긴장을 푼다. 몇 번 깊게 숨을 들이쉬었다 내쉰
다. 이제 상상을 해보자. 당신은 지금 인공위성에 앉아 지구를
빙빙 돌고 있다. 저 아래 지구는 작은 공만큼 작아서 손바닥에
올려놓을 수도 있을 것 같다. 저기 저 밑에서 살고 있는 당신
을 찾아보라. 아마 너무 작아서 안 보일 것이다. 눈에 보이는
것은 인류 전체를 매단 채 돌고 있는 지구뿐이다. 저기서 살고
있는 저 많은 사람들의 온갖 문제와 비교한다면 지금 당신이
걱정하고 있는 문제는 얼마나 하찮은 것인가? 저 중에서 10
명, 아니 100명이 당신을 싫어하고 비난한다고 해서 그게 얼
마나 대단한 일인가? 당신이 어느 날 실수를 저지르거나 무언
가를 까먹거나 누군가와 싸웠다고 해서 그것이 지구에 얼마나

큰 의미가 있는가?

이제는 지금부터 3000년까지 이어질 지구의 발전을 상상해보자. 지구와 인류 역사의 발전을 생각할 때 당신이 걱정하는 건 과연 얼마나 중요한가?

모든 질문에 성실히 대답했다면 다시 지구로 돌아온다.

누군가의 비난, 실책, 사랑하는 사람의 죽음, 중병, 실직, 낙방은 분명 가슴 아프고 속상한 일이다. 하지만 전 인류와 인류의 존속을 생각한다면 그런 아픔쯤은 너무나 작고 소소한 일이다. 크게 생각하면 아무것도 아닌 일이다.

인생 영화 상상연습

앉거나 누워서 긴장을 푼다. 몇 번 깊게 숨을 들이쉬었다 내쉰다. 이제 상상을 해보자. 당신은 이제 곧 생을 마감할 것이다. 당신의 눈앞에 지금껏 살아온 당신의 인생이 주마등처럼 스쳐지나간다. 갓 태어난 아기가 자라 청소년이 되고, 어느새 지금 당신의 나이가 된다. 이제 자신에게 물어보라. 지금 당신이 걱정하는 그 일이 얼마만큼의 무게를 갖는가? 당신이 두려워하는 누군가의 비난이나 거부가 어느 정도의 무게인가? 당신이 겁내는 낙방과 실패가 얼마나 대단한 것인가? 이 모든 질문에 성실히 대답했다면 다시 일상으로 복귀한다.

롤프 메르클레(Rolf Merkle)는 《당신도 더 많은 것을 이룰 수 있을 것이다》에서 임종을 앞둔 85세 노인의 후회를 인용한 적이 있다. 노인은 말했다. "한 번 더 살 수 있다면 실수를 더 많이 할 거야. 완벽해지려고 애쓰지 않을 거야. 더 느긋하게, 덜 진지하게 살 거야."

당신에게는 그 노인보다 훨씬 더 많은 시간이 남았다. 그러니 오늘부터 시작해보자. 당신의 걱정과 근심, 불안과 공포를 더 큰 차원과 비교해보자. 모험을 감행한다면 무엇을 잃고 무엇을 얻을 수 있는지 점검해보자. 당신이 걱정하는 것만큼 그렇게 대단한 모험일까? 걱정을 무릅쓰고 뛰어들만한 가치가 있는 모험일까? 새로운 것을 겁내지 마라. 더 늦기 전에 낡은 틀에서 벗어나 보자.

미래를 준비하기 위한 2단계 상상연습

지금까지의 연습에서 한 걸음 더 나아가 상상으로 미래의 변화에 대비해보자.

우선 대부분의 사람들에게 중요한 의미를 가지는 3가지 문제를 꼽아보았다. 질병, 사랑하는 사람의 죽음, 직업상의 중요한 변화가 그것이다. 개인적으로 이런 사건들을 머릿속으로 그려보고, 그로 인해 생긴 슬픔과 분노, 불안한 감정을 경험하며, 나아가 그 감정에 대처하고 상황을 극복하는 자신의 모습을 상상하는 것은 매우 의미 있는 일이다.

이런 상상 훈련을 자꾸 하면 실제로 그런 중대한 사건이 터졌을 때 아무런 준비 없이 무방비로 당하지 않을 수 있다. 머릿속으로 해결방안을 명확하게 그려보고 실행해본다면 더 활짝 마음을 열고 삶을 향해 나아갈 수 있을 것이다. 억지로 생각을 외면하고 쫓아버릴 필요가 없다.

1단계 가장 일어날 확률이 높은 변화가 무엇인지 고민해보자.

가정에서는 어떤 변화가 있을까? 직장에서는 어떤 변화가 있나? 친구들 사이에서는 어떤 변화가 있는가? 몸에서는 어떤 변화를 느낄 수 있을까?

2단계 긴장을 풀고 변화가 일어난 장면을 상상한다.

최대한 구체적으로 상상해보자. 정확히 무엇이 변했는가? 무엇이 보이는가? 무슨 소리가 들리는가? 어떤 기분이 드는가? 몸으로 느껴지는 변화는 무엇인가? 어떤 생각이 드는가?

상황을 생생하게 그리며 실제로 그 상황이 발생한 것 같은 기분이 든다면 자신에게 물어보자. 이 상황에서는 어떤 해결방안이 있을까? 나는 어떻게 이 상황을 극복할 수 있을까? (극복 상상)

소중한 것을 잃었다 해도, 피하고 싶은 슬픈 변화가 닥쳤다고 해도 균형을 잃지 않고 적절하게 대처하는 자신을 상상해야 한다. 피할 수 없는 일을 수긍하고 받아들이는 자신의 모습을 그려본다. 이렇게 미리 계획을 세워두면 무슨 일이 닥쳐도 당황하지 않고 슬기롭게 대처할 수 있을 것이다.

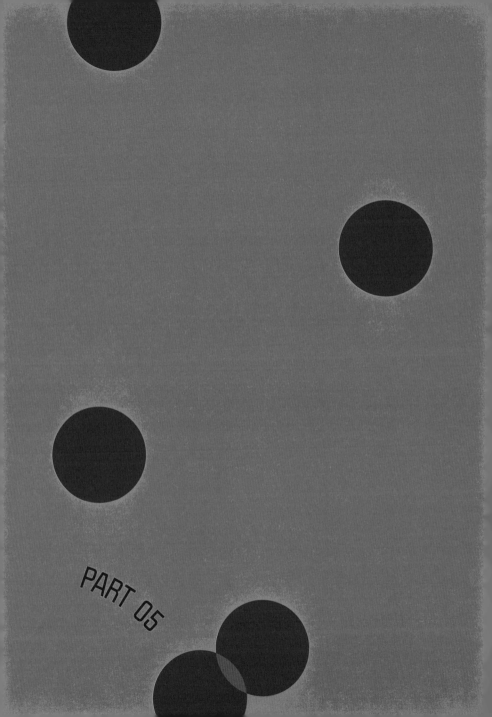

PART 05

나의 불안 극복기

CHAPTER ⑰
나는 어떻게 불안을 이겨냈을까

마지막으로 상담실 내담자와 내 책의 독자 몇 분을 소개하고
자 한다. 모두 불안으로 힘들어했지만 슬기롭게 불안을 이겨
내신 분들이다. 아마 글을 읽다 보면 곳곳에서 내 이야기라는
생각이 들 것이고, 이것저것 배울 점을 발견하게 될 것이다.
불안에 시달리고 있는 사람들에게 유익한 경험담을 들려달라
고 부탁했더니 다음과 같이 많은 경험 사례를 보내주셨다.

　　그 밖에도 인터넷 포털에 '불안, 공황, 공황장애, 사회 공포
증' 같은 검색어를 치면 해당 사이트들이 뜰 것이고 거기 들어
가면 많은 사례와 경험담을 찾을 수 있을 것이다. 이같이 같은
처지인 사람들과 더 많은 정보와 의견을 나누는 것도 좋은 치
료 전략이다.

사례 ❺

O 씨, 46세 기혼 여성, 자녀 2명

실수가 있으면 기록하고, 그다음엔 어떻게 고쳤는지 기록으로 남겼어요. 호흡 연습을 해서 긴장을 풀고 마음을 가라앉혔고요. 꾹 참고 도망치지 않았더니 덕분에 지금은 많이 강해졌죠. 직장에서 화나는 일이 있으면 괜찮다고, 넌 네가 할 수 있는 최선을 다하면 된다고 자신을 다독였어요. 이 말은 어떤 여배우가 TV에 나와서 무대공포증을 이기는 방법이라고 소개했는데 따라 해보니 정말 도움이 많이 되었어요. 불안은 절대 하루아침에 사라지지 않아요. 아주 천천히 물러나죠. 하지만 저도 끝까지 물러서지 않고 참고 견뎠고, 덕분에 비슷한 상황이 닥쳐도 쉽게 대처할 수 있게 됐어요. 여기까지 온 자신이 무척 대견하고 또 많이 행복해요. 그래서 요즘은 조금 겁이 나도 억지로 새로운 일에 도전하려 해요. 예를 들어 처음 가는 곳도 과감하게 운전해서 가요. 물론 늘 뜻대로 되는 것은 아니어서 가다가 너무 불안해서 되돌아온 적도 있어요. 하지만 참고 견디면 대부분 익숙해져요. 저도 알아요. 앞으로도 불안 증상은 계속될 거예요. 그렇지만 예전처럼 공황 증상이 나타나진 않아요. 제가 고치려고 노력하는 것 중에 가장 도움이 된 것이 자신을 사랑하는 것이에요.

자신을 있는 그대로 인정하고 자신의 실수를 용서하는 것이죠. 나에게 사랑한다고, 용서한다고 말하면 마음이 편안해져요. 그동안 전 절 너무 채찍질만 하면서 살았어요. 남들 의견에 더 귀 기울였고요. 이젠 그러지 않으려고요. 쉽지는 않겠지만 그래도 조금씩 나아지는 제 모습을 볼 때면 재미있고 신나거든요.

사례 ❻
W 씨, 24세 미혼 여성

시작은 피아노 반주를 하기로 한 때였어요. 예배 시간에 제가 피아노 반주를 하기로 되어 있었는데 전날 밤부터 몸이 안 좋더니 당일 날 아침에 일어나니까 속이 울렁거리기 시작했고 결국 화장실에서 구토까지 하는 바람에 그날 반주를 하지 못했죠. 그 일로 전 스스로를 심하게 자책했어요. 저 때문에 반주자를 새로 구하느라 애를 많이 썼다고 하더라고요. 그날부터 그 상황이 일상의 모든 사건으로 확대되었어요. 혹시 또 나 때문에 사람들이 곤란한 일을 겪으면 어떻게 하나 하는 걱정에 어떤 일도 제가 하겠다고 나설 수가 없었죠. 약속을 잡으면 그 시간이 올 때까지 아프면 어떻게 하나 걱정되었고, 그러다가 진짜로 몸이 아픈 적도 많았어요. 새로운 임무를 맡기라도 하는 날이면 당장 속이 울렁거리기 시작했고요. 하는 수 없이 활동을 줄였고 따라서 생활의 폭도 좁아졌어요. 어느 날 정신을 차려보니 정말로 아무것도 안 하고 있더라고요. 당연히 사는 게 재미없고 따분했죠. 이렇게 살다가는 큰일 나겠다 싶은 게 정신이 번쩍 들었어요. 그리고 억지로라도 하나둘 피하던 일들을 하기 시작했죠. 하루 한 가지씩 임무를 정하는 거예요. 예를 들어 버스 타는 게 겁났기 때문에 최대한 자주 버스를 타자고 결심했죠. 물론 그 전에 몇 번 상상연습으로 무사히 임무를 마친 자신의 모습을 머릿속으로 그려보았어요. 또 그동안 사람들을 피하며 살았기 때문에 일부러 주말에 서빙 알바를 시작했어요. 억지로라도 사람들과의 접촉을 늘려가며 스스로 대처법을 터득해 나갔죠.

사례 ❼
K 씨, 34세 이혼 여성

사실 따지고 보면 평생 불안을 달고 살았어요. 안 무서운 게 없었거든요. 실패할까 봐, 못 할까 봐, 사랑받지 못할까 봐, 옷차림이 이상할까 봐 겁나고 무서웠어요. 그리고 무엇보다 혼자 남게 될까 봐 제일 겁났어요. 어릴 때 부모님이 부부싸움을 자주 하셨는데 엄마가 집을 나가겠다고 가방을 싸면 울면서 매달리곤 했거든요. 물론 엄마는 가출을 안 하셨지만 말이에요. 한 번 결혼에 실패한 후 이상형인 남자를 만났어요. 처음엔 정말 좋았죠. 그런데 시간이 가면서 저 남자가 나한테 거짓말을 하는 게 아닌가 의심이 들기 시작하는 거예요. 그러자 다시 불안이 몰려왔고 그 불안을 이기지 못해 병적으로 질투하고 집착하게 되었어요. 정말 아무것도 못 하고 남자 친구 감시만 했죠. 도저히 견딜 수가 없어서 병원에 가서 안정제를 처방받아 먹었어요. 심장이 벌렁거리고 불안해서 일을 할 수가 없었거든요.

그러다가 심리치료를 받기 시작하면서 서서히 안정제를 끊었고, 몸에는 아무 이상이 없는데 제가 심장이 약하다 보니 힘이 들면 심장이 제일 먼저 반응하는 것이라는 사실을 깨닫게 되었어요. 덕분에 이젠 예전처럼 걸핏하면 맥박을 재거나 심장박동에 신경을 곤두세우지 않아요. 그것만 해도 대단한 발전이죠. 그런데 작년 5월에 드디어 올 것이 오고야 말았어요. 남자 친구가 "자유를 원한다"며 결별을 선언했거든요. 제가 그토록 겁내던 일이 마침내 현실이 되고 만 거죠. 한 마디로 재앙이었어요. 저같이 독립적이지 못한 인간이, 한 번도 혼자 산 적 없는 인간이 혼자서 집을 구하고 이사를 해야 했으니 얼마나 암담했겠어요. 그래도 다행히 별문제 없이 이사를 마쳤어요. 혼자 사는 것이 낯설고 힘들어 절망에 빠진 적도 많지만 예전처럼 심하게 불안을 느끼거나 심장이 아픈 증상이 나타나진 않았어요. 한 뼘 더 어른이 되어 독립을 향해 한 걸음 내디딘 셈이죠. 3개월의 애도 기간을 가진 후 전 변화를 모색하기 시작했어요. 운동도 하고 술집도 가고 새로 친구도 사귀었죠.

이젠 다 괜찮다고, 너무너무 행복하다고 말하기는 아직 일러요. 진정한 행복은 동반자가 있어야 찾아올 것 같아요. 그래도 이젠 혼자 살 수 있다는 걸 깨닫게 되었어요. 또 실수나 잘못에도 너그러워졌고 다시 편안한 마음으로 사람들을 만날 수 있게 되었고요. 다시 살고 싶어졌어요. 그것만 해도 엄청난 발전이에요. 3년간 악몽을 꾸다 깨어난 기분이에요.

사례 ❽
T 씨, 22세 미혼 여성

시작은 휴가를 마치고 복귀한 첫날이었어요. 컨디션이 너무 안 좋고 마음도 울적해서 자꾸 눈물이 나는 걸 억지로 참았어요. 휴가가 정말 좋았거든요. 여행지에서 멋진 남자를 만나서 사랑을 나누었으니까요. 물론 휴가가 끝나면 다시는 볼일 없는 사람이란 걸 알고 만났죠. 컴퓨터 앞에 앉아 자판을 두드리는데 정말이지 미칠 것 같은 거예요. 평생 그런 기분은 처음이었어요. "이러다가 미치는 거 아닐까?" 이런 생각이 들었어요. 도저히 자리에 앉아 있을 수가 없어서 밖으로 나가 좀 걸었죠. 그리고 다시 들어와서 조퇴했어요. 그 길로

다니던 병원으로 달려갔더니 의사가 신경과로 보냈어요. 거기서 안
정제를 맞았고요. 6주 동안 일주일에 한 대씩 맞았어요. 마음은 진
정되었지만 불안은 여전했어요. 잠을 제대로 못 자니 아침이면 녹
초가 되었고 기력이 하나도 없었어요. 출근하는 게 무슨 도살장 끌
려가는 기분이었죠. 게다가 갑자기 모든 것이 두려워지기 시작했어
요. 미칠까 봐 겁났고, 혼자 기차 타는 것도 무섭고, 다리 건너기도
겁나고, 사람 만나는 것도 무섭고, 무엇보다 혼자 있는 게 너무 무서
웠어요. 미래도 걱정됐고 불안이 사라지지 않을까 봐 겁이 났어요.
이 상태가 계속되면 어쩌지 하는 불안, 예기불안이었지요. 불안은
저에게서 모든 에너지를 앗아갔어요. 무슨 일을 하건 안간힘을 써
야 했으니까요. 식욕도 없었어요. 매사에 의욕이 하나도 없었어요.
모든 에너지를 불안에 빼앗긴 기분이었죠. 우울증이 심해져서 다시
약을 먹기 시작했어요.

　　그러다가 우연히 《감정 사용 설명서》라는 책을 만나게 되었어
요. 그 책을 읽으며 감정이란 것이 어떻게 생겨나는지 알게 되었어
요. 정말 엄청나게 많은 도움이 되었죠. 모든 인간은 자기 생각을 조
절할 수 있고, 더불어 자신의 감정도 조절할 수 있다고 쓰여 있었거
든요. "생각한 대로 느낀다." 이 한 마디에 모든 것이 담겨 있었어요.
서서히 저를, 세상을 새롭게, 보다 현실적으로 바라보기 시작했고,

불안이 찾아올 때마다 그 불안이 정당한지 캐묻고 현실적인 대답을 찾으려 노력했죠. 덕분에 상태가 훨씬 나아졌고 다시 인생을 즐길 수 있게 되었어요. 하지만 몇 달 후 불안이 재발했어요. 아무리 애써도 현실적인 생각이 불가능했죠. 다시 불안이 삶을 휘감았고 저 자신이 너무 혐오스러웠어요. 나란 존재가 모두에게 위협이 될 것 같은 기분이 들었어요. 이러다 정말 미쳐서 난동이라도 부리면 어떻게 하지, 마음이 불안 불안했어요. 하지만 불안이 심해진 것 말고는 아무 일도 없었죠. 심리치료를 받으며 또 한 가지 중요한 깨달음을 얻었어요. 불안은 저항하지 않고 받아들이고 지나가게 내버려 두면 저절로 사라진다는 것. 지금까지 전 불안이 못 올라오게 억누르려고만 했거든요. 그래서 불안을 인정하고 받아들이려 노력했고, 저 자신에게 현실적인 대안을 속삭였어요. 그러자 시간이 가면서 불안은 훨씬 잦아들었지요. 지금도 불안이 완전히 없어진 건 아니에요. 특정한 상황이 되면 여전히 불쑥불쑥 불안이 솟구쳐요. 하지만 이젠 두렵지 않습니다. 잘 대처할 수 있으니까요. 어떨 땐 아주 단칼에 불안을 잘라버리기도 하죠. 물론 어떨 땐 오래 걸리기도 하지만 그래도 괜찮아요. 어쨌든 아무리 힘들어도 자신을, 자신의 불안을 인정하려 노력하는 것이 가장 중요한 것 같아요.

사례 **9**
R 씨, 30세 기혼 여성

일찍부터, 그러니까 14살 무렵부터 시험 공포증이 있었어요. 시험을
칠 때마다 소화불량과 어지러움을 동반한 공황이 찾아왔죠. 그러다
몇 년 후에는 갑자기 엘리베이터를 탈 수 없게 되었고, 창문 없는
화장실에 들어가면 문을 닫을 수 없게 되었어요. 갇힌 것처럼 답답
했거든요. 그런 곳에 가면 어지럽고 심장이 벌렁거리고 비명이 튀
어나올 것만 같았어요. 하지만 그게 다가 아니었어요. 광장을 가로
지를 수가 없어서 벽을 손으로 집으며 지나가야 했고 운전은 상상
조차 할 수 없었죠. 운전석만 봐도 공황이 찾아왔거든요. 제일 괴로
웠던 것은 외부 세상에 대한 막연한 불안이었어요. 장을 보러 갈 수
도, 모임에 참석할 수도 없었어요. 백화점에 들어가려면 늘 초긴장
상태가 되었어요. 증상은 늘 같았죠. 심장이 뛰고, 맥박이 빨라지고,
어지럽고, 기절할까 봐 겁이 났고, 온몸에서 힘이 쭉 빠지고, 가슴이
답답했어요. 진짜 예기불안이 생겼던 거죠. '이럴 때 불안했잖아. 그
러니까 같은 상황이 되면 또 불안할 거야.' 이런 생각으로 혹시 심장
이 빨리 뛰지 않나, 어지럽지 않나, 계속 자신을 관찰했거든요. 그리
고 대부분 우려는 현실이 되었어요.

큰 가게는 피했어요. 한 번 불안했던 경험이 있는 상황은 모조리 피했어요. 하지만 피할 수 없는 상황이란 것이 있잖아요. 그럴 때는 술을 좀 마시면 마음이 훨씬 가라앉았어요. 그렇게 불안을 잠재울 수 있었죠. 술을 마시고 나면 시내를 돌아다닐 수도 있었거든요. 음주운전을 할 수는 없으니까 걸어 다녔죠. 하지만 불안은 점점 더 악화되었어요. 그 말은 불안을 견디기 위해 더 많은 양의 술을 마셨다는 뜻이에요. 시험을 앞두고 다시 참을 수 없는 불안이 찾아오자 전 결국 행동치료를 받기로 결심했어요. 처음에는 도무지 나아지는 기색이 없어 절망했어요. 하지만 서서히 변화를 실감하기 시작했죠.

이젠 불안을 받아들이게 되었어요. 불안해하는 저 자신을 비난하지 않아요. 덕분에 불안이 많이 줄었고 대처법도 훨씬 좋아졌어요. 심리치료가 참 많이 도움이 되었어요. 특히 다시 예전으로 돌아간 것 같았고, 불안할 땐 큰 힘이 되어주었죠. 남편도 큰 힘이 되어주었어요. 긴 설명 없이 "나 불안해"라고만 해도 이해하고 도와주었거든요. 그런 말을 해도 절 비난하지 않는 남편이 처음엔 의아하기도 하고 고맙기도 했죠. 만일 남편이 절 비난했다면 숨기려고 애썼을 거고, 상태는 더 악화되었을 테니까요. 그런 점에서 남편한테 정말 고마워요.

저만 그런 게 아니라는 생각도 많이 도움이 되었어요. 겉으로는

다 잘 사는 것 같아 보여도 알고 보면 불안장애 환자들이 참 많더라고요. 드물지만 지금도 불안이 찾아올 때가 있어요. 그럼 억지로 외면하지 않고 불안을 인정하고 불안과 대화를 나눠요. 그럼 어느 순간 불안이 조용히 사라져요.

사례 ⑩
D 씨, 30세 미혼 여성

부모님이 엄하셔서 평생 부모님을 무서워했어요. 원하는 게 있어도 말할 용기가 없어서 제 감정, 제 욕구를 숨기며 살았죠. 스무 살 때 독립하면서 좀 숨통이 틔었지만 거리가 멀어진다고 해서 곧바로 정서적 독립까지 가능한 것은 아니었나 봐요. 저도 모르게 다시 의지할 곳을 찾았죠. 당시에 만난 남자에게 8년 동안이나 이용당했어요. 아주 교묘한 남자였지요. 8년 동안 그가 시키는 대로 하고 살았고 그를 위해 희생했지만 결국 돌아온 건 발길질뿐이었죠. 하지만 쉽게 관계를 끝내지 못했어요. 그럼 제 인생이 곧 무너질 것 같았거든요. 대학도 가지 못했고 부모님과의 사이도 그다지 좋지 않은데 이 남자마저 잃으면 어떻게 될까? 너무너무 불안했어요. 그렇지만 결국 전 결심했죠. 이 애증의 관계를 그만 마무리 짓자고.

예전에는 남들에게 상처를 줄까 봐 전전긍긍했어요. 지금은 제 마음이 다치지 않는 것이 우선이에요. 어느 정도의 건강한 이기주의가 저는 물론이거니와 주변 사람들에게도 유익하다는 사실을 깨달았거든요. 물론 이렇게 되기까지 쉽지만은 않았어요. 하지만 결국 전 깨달음을 얻었고 그 깨달음을 실천하며 살고 있어요. 덕분에 부모님과도 원만한 관계를 맺게 됐어요. 누군가에게 피해를 주지만 않는다면 자신을 사랑하고 자신을 존중하는 것이 모두에게 득이 되는 것 같아요. 당분간은 저 혼자만의 삶을 즐겨보려고 해요. 제가 원하는 게 무엇인지 아는 것이, 저 자신을 찾는 것이 필요할 것 같아요. 그게 먼저가 아닌가 싶고요.

사례 ⑪
G 씨, 35세 기혼 여성

불안으로 고통받는 분들께 이 책을 읽어보라고 권하고 싶어요. 제 경우 책을 통해 불안이 왜, 어떻게 발생하는지 알게 되었고, 자신을 다시 일으킬 사람은 자기 자신뿐이라는 사실도 깨닫게 되었거든요.

그렇지만 뭐니 뭐니 해도 가장 힘이 되었던 것은 저도 회복될 수 있을 것이라는 심리치료사의 말이었어요. '난 절대 낫지 않을 거야. 이대로 가다간 정신병원에 가고 말 거야.' 이미 제 머릿속엔 이런 생각이 단단히 둥지를 틀고 있었거든요.

당시엔 너무 힘들었지만 지금에 와서 돌이켜보면 그 시간이 제 인생에서 가장 유익한 경험이었던 것 같아요. 그때의 경험을 통해 자신의 숨은 능력을 깨달았고 새로운 인생관을 세울 수 있게 되었으니까요. 물론 지금도 드문드문 불안이 느껴질 때가 있어요. 제가 스키를 무척 좋아하거든요. 그래서 휴가 계획을 완벽하게 세워났는데 막상 떠날 날짜가 2~3일 앞으로 다가오면 기분이 좋지 않고 '아무 일도 없어야 할 텐데'라는 생각이 자꾸 들어요. 하지만 이젠 그런 불안과 걱정에 어떤 대답을 해야 할지 잘 알아요. 그 대답의 결론은 항상 똑같지요. "휴가는 즐거운 거야!"

나가며

불안 없는 세상으로
한 걸음 나아가기

당신은 불안 없는 세상으로 배를 몰아갈 다양한 전략을 배웠다. 이미 그 전략들을 실천하고 연습하여 증상이 호전된 분들도 있을 것이다. 결심만 했지 아직 실천에 옮기지 못했다 해도 아낌없이 칭찬해주고 싶다. 해묵은 습관이 된 안전한 항구를 떠나야겠다고 결심한 것만으로도 대단한 일이니까 말이다. 당신의 배가 항구를 완전히 벗어날 때까지는 약간의 시간과 노력이 필요할 것이다.

여행은 언제나 모험이다. 주변에 배의 조종을 도와줄 사람이 있는지 살펴보자. 만일 한 사람도 없다면 안전하다고 느낄 때까지 '정식 항해사'(심리 치료사)를 고용해도 좋을 것이다. 당신이 감행한 모든 새로운 상황이 당신을 한 걸음 더 항구 밖으로 데려갈 것이다. 마음이 바뀐다면 언제든 다시 항구로 돌아올 수 있다. 선택의 여지가 있다는 사실은 항상 마음을 푸근하게 한다. 항해할 수 있는지 없는지 점검도 해보지 않고 무조건 항해할 수 없다고 믿고 항구에 정박시켜둔 배는 절대 자기가 가진 능력을 발휘할 수 없다.

폭풍이 두려워서, 미지의 땅이 무서워서 당신의 배를 항구에 내버려 두고 있진 않은지 꼼꼼히 살펴보고 당신의 배가 항해를 잘 할 수 있을지도 점검하라. 혹시 모르니 조금씩 시범 운행을 해서 배의 능력을 살펴보는 것도 좋다. 불안을 참고 도전에 나선다면 폭풍을 헤치고 멋진 경험을 할 수 있을 것이다. 안전한 항구를 떠나지 않는다면 늘 똑같은 방파제밖에 보이지 않을 것이다. 모험과 도전이냐, 안전과 루틴이냐, 이것은 만인 앞에 던져진 선택지다. 당신만이 선택할 수 있다. 찬찬히 따져보라. 넓은 바다가 당신에게 맞지 않다고 판단되면 언제든 배를 돌려 돌아오면 된다. 판단은 당신 몫이다. 남의 생각과 편견에 현혹되지 마라.

그럼 부디 멋진 여행이 되기를 바란다.

• 도리스 볼프

불안, 걱정, 두려움을 이겨내는 자기회복의 심리학

불안하다고 말해요, 괜찮으니까

지은이 | 도리스 볼프
옮긴이 | 장혜경
펴낸이 | 이동수

1판1쇄 펴낸 날 | 2023년 5월 28일
1판2쇄 펴낸 날 | 2023년 6월 8일

책임 편집 | 이수
디자인 | All design group
펴낸 곳 | 생각의날개

주소 | 서울시 강북구 번동 한천로 109길 83, 102동 1102호
전화 | 070-8624-4760
팩스 | 02-987-4760

출판 등록 2009년 4월 3일 제25100-2009-13호